K

TO

GREEK PROSE COMPOSITION

FOR SCHOOLS

BY

M. A. NORTH, M.A.
LATE ASSISTANT MASTER AT CLIFTON COLLEGE

AND

THE REV. A. E. HILLARD, D.D.
LATE HIGH MASTER OF ST. PAUL'S SCHOOL

NINTH IMPRESSION

DUCKWORTH

Reprinted 1998

First Duckworth edition 1992

Gerald Duckworth & Co. Ltd.
The Old Piano Factory
48 Hoxton Square, London N1 6PB
Tel: 0171 729 5986
Fax: 0171 729 0015

ISBN 0 7156 1527 0

Reprinted in England by Booksprint

KEY TO

GREEK PROSE COMPOSITION

Exercise 1 [A].

1. οἱ Ἕλληνες ἀεὶ ἀνδρεῖοί εἰσιν.
2. ἡ Ἑλλὰς ἐλευθέρα ἦν πάλαι.
3. οἱ ἀνδρεῖοι τιμῶνται.
4. ἡ ἐλπὶς δίδωσι τὴν ἀνδρείαν τοῖς ἀνθρώποις.
5. τὸ ἀληθὲς πολλάκις δεινόν ἐστιν.
6. τὸ λέγειν χαλεπόν ἐστιν ἐμοί.
7. αἰσχρὸν νομίζει τὸ ψεύδεσθαι.
8. ὁ πλούσιος πολλοὺς φίλους ἔχει.
9. ὁ ἀνδρεῖος νικᾷ τὰ χαλεπά.
10. τὸ νικᾶν πολλοὺς βλάπτει.
11. οἱ νῦν ἀνδρειότεροί εἰσιν.
12. οἱ ἐνθάδε οὐ πείθονταί μοι.

Exercise 2 [B].

1. οἱ σοφοὶ τιμῶσι τὴν ἀλήθειαν.
2. οἱ Ἕλληνες οὐκ ἐθέλουσι πείθεσθαι τοῖς βαρβάροις.
3. τὸ εὖ λέγειν χαλεπόν ἐστιν.

Ex. 2.—*continued.*

4. αἱ νῆες ἀσφαλεῖς εἰσιν ἐν τοῖς λιμέσι.
5. ἐθέλομεν [βουλόμεθα] σῴζειν τὴν Ἑλλάδα.
6. οἱ ἀγαθοὶ θαυμάζουσι τὴν σοφίαν.
7. τῷ πείθεσθαι τοῖς σοφοῖς [αὐτοὶ] σοφοὶ γιγνόμεθα.
8. τῷ νικᾶν ἐλεύθεροι γιγνόμεθα.
9. οἱ ἐλεύθεροι οὐ θαυμάζουσι τὴν δουλείαν.
10. οἱ πάλαι ἐθαύμαζον τὴν σοφίαν.
11. οἱ ἐνθάδε οὐ τιμῶσι τὴν ἀνδρείαν.

Exercise 3 [*A*].

1. οἱ τῶν Ἀθηναίων στρατιῶται ἀπέθανον ἀνδρείως
2. οἱ πάλαι ἐτίμων τοὺς εὖ λέγοντας.
3. τὸ ἐν τῇ πόλει στράτευμα οὐκ ἤθελε μάχεσθαι.
4. οἱ φυγόντες ἦλθον πρὸς τὴν πόλιν.
5. οἱ τοῦτο εἰπόντες ἐψεύδοντο.
6. οἱ ἐν ταῖς ὁδοῖς ἑστηκότες ἐξέφυγον.
7. ὁ κῆρυξ μεγάλην εἶχε τὴν φωνήν.
8. πολλοὶ τῶν ἀρίστων Ἀθηναίων ἀπώλοντε
9. ἀπώλεσαν τὰ τείχη τὰ ἄρτι πεποιημένα.
10. ἐξέφερον τοὺς νοσοῦντας εἰς τὰς ὁδούς.
11. αἱ γυναῖκες ἔχουσι τὰς χεῖρας χαριέσσας.
12. ἀπέπεμψαν τοὺς Ἀθηναίους τοὺς ἐν τῷ στρατευ-
    ματι [ὄντας].

Exercise 4 [B].

1. ἀεὶ τιμῶμεν τοὺς εὖ λέγοντας.
2. οἱ ὑπὲρ τῆς πόλεως τεθνηκότες ἄξιοί εἰσι τῆς τιμῆς.
3. αἱ νῆες αἱ ἐν τῷ λιμένι εἰσὶν ἀσφαλεῖς.
4. οἱ Ἕλληνες οὐ πείσονται τοῖς τοῦ βασιλέως στρατιώταις.
5. οἱ ἐκ τῆς πόλεως φυγόντες οὔκ εἰσιν ἀνδρεῖοι.
6. ἡ ἐλπὶς δίδωσι τὴν ἀνδρείαν τοῖς ὑπὲρ τῆς πόλεως μαχομένοις.
7. οἱ λέοντες ἔχουσι τοὺς ὀδόντας ὀξεῖς.
8. οἱ τῶν σοφῶν πατέρων υἱοὶ οὐκ ἀεί εἰσι σοφοί.
9. οἱ ἀγαθοὶ πολῖται διδόασι τὰ χρήματα ταῖς τῶν ὑπὲρ τῆς πατρίδος ἀποθανόντων γυναιξί.
10. ὁ στρατηγὸς ᾧ πειθόμεθά ἐστιν ἀνδρεῖος.
11. τιμῶμεν τοὺς τὴν Ἑλλάδα ἐλευθερώσαντας.

Exercise 5 [A].

1. οἱ νῦν τιμῶσι τοὺς πάλαι ἥρωας.
2. οἱ πλούσιοι διδόασι τὰ χρήματα τοῖς πένησι.
3. τὸ ἀληθὲς οὐκ ἀεὶ ῥᾴδιόν ἐστι τοῖς εὖ λέγουσιν.
4. αἱ τῶν πολιτῶν γυναῖκες οὐκ ἐτίμων τοὺς ἐκ τῆς μάχης φυγόντας.
5. οἱ τῶν Ἑλλήνων ἡγεμόνες διέφθειραν τὰ τῆς πόλεως τείχη.

Ex. 5.—*continued*.

6. οἱ στρατιῶται οἱ πρὸς τὴν πόλιν ἐκφυγόντες νῦν
ἀσφαλεῖς εἰσιν.

7. οἱ πολῖται ἤθελον [ἐβούλοντο] διαφθεῖραι τὰς ναῦς
τὰς εἰς τὸν λιμένα ἐλθούσας.

8. οἱ ἀνδρείως ὑπὲρ τῆς πατρίδος μαχόμενοι ἄξιοί
εἰσι τῆς μεγίστης τιμῆς.

9. οἱ στρατιῶται σῴζονται τῷ ἀνδρείως μάχεσθαι
μᾶλλον ἢ τῷ φεύγειν.

10. τιμῶμεν τοὺς ῥήτορας τοὺς βουλομένους τὴν Ἑλ-
λάδα σῴζειν.

Exercise 6 [*B*].

1. οἱ ἄριστα μαχόμενοι νικήσουσιν.

2. ἐνίκησαν τοὺς ἀνδρειότερον μαχομένους.

3. ἰσχυρότερα ἐποίησαν τὰ τῆς πόλεως τείχη.

4. τὰ θηρία αὐτῷ ἐπείθετο.

5. ἡ τῶν πολεμίων νίκη κατέλυσε τὴν τῶν πολιτῶν
ἐλπίδα.

6. πλούσιοι ἐγένοντο τῷ ψεύδεσθαι.

7. ὁ τῶν πολεμίων στρατηγὸς ἔλυσε τοὺς στρατιώτας
τοὺς ἀνδρείως μαχεσαμένους.

8. αἱ νῆες αἱ πλεύσασαι οὐδέποτε ἀφίκοντο.

9. οἱ Ἀθηναῖοι ἀπέκτειναν τὰς γυναῖκας τὰς τὴν
πόλιν προδούσας.

10. κακὸν νομίζω τὸ μάχεσθαι.

Exercise 7.

1. τὰ ζῷα οὐκ ἀεί ἐστι καλά.
2. καὶ οἱ ἄνδρες καὶ αἱ γυναῖκές εἰσι μικροί.
3. τὰ δένδρα καὶ τὰ ἄνθη αὐξάνεται ἐν ταύτῃ τῇ νήσῳ.
4. οἱ δύο στρατηγοὶ ἀπέθανον ὑπὸ τῶν πολεμίων.
   [Or, τὼ στρατηγὼ ἀπεθανέτην etc.]
5. τὰ δύο στρατεύματα ἐμάχοντο.
   [Or, τὼ στρατεύματε ἐμαχέσθην.]
6. ὁ χρυσὸς καὶ ὁ ἄργυρος φέρονται εἰς τὴν ἀγοράν.
7. πολλὰ βέλη ἐβλήθη ὑπὸ τῶν πολεμίων.
8. δύο φίλοι ἔδοσάν μοι τὸ δῶρον.
9. τὰ τέκνα φίλα εἰσὶ τοῖς πατράσι.
10. ὁ σῖτος [or, τὰ σῖτα] καὶ ὁ οἶνός ἐστι χρήσιμα τοῖς ἀνθρώποις.
11. ἔδωκα αὐτοῖς τὰ χρήματα, τὸ τοῦ βασιλέως δῶρον.
12. ὁ Νικίας καὶ ὁ Δημοσθένης, δύο ἀνδρεῖοι στρατιῶται, ἀπέθανον.
    [Or, ἀνδρείω στρατιώτα ἀπεθανέτην.]
13. ταῦτ' ἐστὶ τὰ δῶρα τοῦ Καλλίου τοῦ τῶν Ἀθηναίων στρατηγοῦ.

Exercise 8 [A].

1. οἱ στρατιῶται ἀπέθανον τοῖς βέλεσι.
2. οἱ πολῖται ἐδίδοσαν πολλὰ δῶρα τῷ βασιλεῖ.
3. αἱ γυναῖκες καὶ τὰ τέκνα ἑστήκασιν [ἑστᾶσιν] ἐν τῷ τείχει.

Ex. 8.—*continued.*

4. αἱ νῆες ἀεὶ ἔφερον τὰ σῖτα εἰς τὸν λιμένα.

5. ἐπεὶ τὸ στράτευμα ἐνικήθη ἡ πόλις ᾑρέθη.

6. πολλοὶ ἄνδρες καὶ γυναῖκες ἕστασαν ἐν τῇ ἀγορᾷ.

7. ἐπεὶ αἱ νῆες ἔπλευσαν εἰς τὸν λιμένα ἀσφαλεῖς
   ἦσαν.

8. ἀεὶ ἐτιμῶμεν τοὺς εὖ λέγοντας.

9. οἱ Ἕλληνες πολλάκις ἐνίκων τοὺς Πέρσας.

10. ὁ Κῦρος ἀπέθανεν ὑπὸ τῶν τοῦ ἀδελφοῦ στρατιω-
    τῶν.

Exercise 9 [B].

1. οἱ πολέμιοι διέφθειραν τὸ τῶν Ἀθηναίων στρα
   τευμα.

2. οἱ πάλαι ἐτίμων τοὺς ἀνδρείους.

3. ἐπεὶ ὁ στρατηγὸς ἀφίκετο ἀπέθανε.

4. ἐπεὶ οἱ ναῦται ἀφίκοντο ἔμενον ἐν τῇ πόλει.

5. οἱ Ἀθηναῖοι καὶ αἱ γυναῖκες ἑστήκασιν [ἑστᾶσιν]
   ἐν τῇ ἀγορᾷ.

6. ὁ ἀνὴρ καὶ ἡ γυνὴ αὐτοῦ ἀποτεθνήκασι.

7. αἱ γυναῖκες καὶ τὰ τέκνα ἀπέθανον τοῖς βέλεσι.

8. οἱ πάλαι ἥρωες ἀεὶ ἐμάχοντο ἀνδρείως.

9. αἱ νῆες ἔμενον πᾶσαν τὴν ἡμέραν ἐν τῷ λιμένι.

10. ἐτιμῶμεν τοὺς ἀνδρείως μαχομένους.

Exercise 10 [A].

1. οἱ πολέμιοι ἐπέθεντο αὐτοῖς πορευομένοις.
2. ἀεὶ προσβαλλόμενοι οἱ πολῖται ἠπόρουν.
3. οὐκ ἤθελον πορεύεσθαι.
4. ὁ στρατηγὸς ἐκέλευσεν αὐτοὺς προσβάλλειν, ἀλλ᾽ οὐκ ἐπείθοντο.
5. στρατόπεδον ποιήσαντες ἐδέχοντο τοὺς πολεμίους.
6. ἀπέθανε διαβαίνων τὸν ποταμόν.
7. ταῦτα ἀκούσαντες ἔφυγον.
8. πολλάκις ἑωρῶντο εἰς τὴν πόλιν εἰσιόντες.
9. οἱ ἐρωτηθέντες ἀπεκρίναντο.
10. ἀφικόμενοι πρὸς τὸ ἄστυ κατελήφθησαν.

Exercise 11 [B].

1. αἱ νῆες αἱ ἀφικόμεναι διεφθάρησαν.
2. οἱ πολέμιοι ἐπέθεντο τοῖς στρατιώταις πορευομένοις.
3. οἱ στρατιῶται ἀεὶ ἀνδρείως ἐμάχοντο οὐδὲ ἐνικήθησάν ποτε.
4. οἱ πολέμιοι διέφθειραν τὰς ναῦς τὰς ἐκ τοῦ λιμένος ἐκπλευσάσας.
5. τὸ στράτευμα πρὸς τὰ τῆς πόλεως τείχη ἐλθὸν ἐστρατοπεδεύσατο.
6. ἡ πόλις διεφθείρετο καὶ οἱ πολῖται ἔφευγον.
7. οἱ Ἕλληνες ἐνίκησαν μέγα στράτευμα τῶν Περσῶν.

Ex. 11—*continued.*

8. οἱ Ἕλληνες πολλάκις ἐμάχοντο ἀνδρείως τοῖς Πέρσαις καὶ αὐτοὺς ἐνίκων.

9. πολλαὶ νῆες ἔαλωσαν ἐκ τοῦ λιμένος ἐρχόμεναι.

10. νικήσαντες τοὺς πολεμίους οἱ στρατιῶται ἐπορεύοντο πρὸς τὴν πόλιν.

Exercise 12 [*A*].

1. ἐσώσαντο τάς [τε] γυναῖκας καὶ τὰ τέκνα.
2. ἀπέδοντο τὸν τοῦ Δημοσθένους οἶκον.
3. [ὁ] Ἀλκιβιάδης ἐφέρετο πολλὰ ἆθλα.
4. ἔπαυσαν τὴν μάχην.
5. [ὁ] Σωκράτης ἐδίδασκε τοὺς τῶν Ἀθηναίων υἱούς.
6. ὁ ἥλιος ἐφάνη.
7. ἀπέδειξε τὸ δῶρον τῷ πατρί.
8. ἐπαύσαντο τῆς μάχης.
9. οἱ Ἀθηναῖοι ἀνδρείως ἠμύνοντο τοὺς Πέρσας.
10. ἐλύσαντο τοὺς πολίτας τοὺς αἱρεθέντας [ἁλόντας].
11. εἵλοντο τὸν Νικίαν στρατηγόν.

Exercise 13 [*B*].

1. ὁ χειμὼν ταχέως ἔπαυσε τὴν μάχην.
2. οἱ ναῦται ἀπέδοντο τοὺς ἰχθῦς τοῖς πολίταις.
3. λυσόμεθα τοὺς τοῦ στρατηγοῦ υἱούς.
4. ἀμυνούμεθα τῇ πόλει τοὺς πολεμίους.
5. πολλὰ ἆθλα φέρει ἐν τοῖς ἀγῶσι.

Ex. 13—continued.

6. ταῦτα τὰ δῶρα κάλλιστά ἐμοι φαίνεται.
7. φανοῦμεν. [δείξομεν] τοῦτο τοῖς πολίταις.
8. παύσομεθα ἤδη τοῦ πολέμου.
9. ἀνδρείως ἠμύνοντο τοὺς πολεμίους.
10. ἐσῳζόμην τὰ χρήματα.
11. ἀπέδωκα τὰ χρήματα τῷ κριτῇ.
12. τοὺς ἀρίστους εἵλοντο ἡγεμόνας.

Exercise 14 [A].

1. οἱ στρατιῶται εἵλοντο τὸν Νικίαν στρατηγόν.
2. αἱ βίβλοι ἡρέθησαν ὑπὸ τῶν τέκνων.
3. ἡ μάχη ἐπαύθη ὑπὸ τοῦ στρατηγοῦ.
4. πολλάκις νικηθέντες ἐπαύσαντο τοῦ πολέμου.
5. ταῦτα ἠκούσθη ὑπὸ τῶν πολιτῶν.
6. οἱ ἀπολόμενοι ἐτάφησαν.
7. ὁ στρατὸς ἐσώθη ὑπὸ τοῦ Καλλίου.
8. οἱ ἡμῖν ἐπιθέμενοι ἑάλωσαν.
9. ὤφθησαν ὑπὸ τῶν πολεμίων διαβαίνοντες τὸν ποταμόν.
10. τὰ δῶρα ἀπεδόθη τοῖς τέκνοις.

Exercise 15 [B].

1. ἀποπλεύσαντες οἱ Ἀθηναῖοι ἐσώθησαν.
2. ἡ μάχη ἐπαύθη χειμῶνι.
3. οἱ Ἀθηναῖοι ἐλύθησαν καὶ ἐλύσαντο τοὺς δούλους.

Ex. 15– *continued*.

4. τὰ τείχη ᾑρέθη.

5. ἐκελεύσθησαν προσβάλλειν τοῖς πολεμίοις.

6. ἐπιθέμενοι τοῖς πολεμίοις ἐνικήθησαν.

7. ὁ στρατὸς ηὐξήθη εἰς τὴν χώραν εἰσιών.

8. οἱ πεμφθέντες ἄγγελοι [*or*, οἱ ἄγγελοι οἱ πεμφθέντες] ἐκομίσαντο πολὺν τὸν σῖτον.

9. ἡ πόλις διεφθάρη καὶ οἱ πολῖται ἀπώλοντο.

10. ἐπαύσαντο τοῦ μάχεσθαι.

Exercise 16 [*A*].

1. τὸ στρατόπεδον πανστρατιᾷ ἐπολιορκήθη ὑπὸ τῶν πολεμίων.

2. ἀπέκτειναν αὐτὸν λίθοις ἐπεὶ ἤδη ἐτραυματίσθη [*or*, ἤδη τραυματισθέντα, τετρωμένον].

3. ὑπὸ τίνος ἀνεῴχθησαν αἱ πύλαι ;

4. ἐνίκησε τοὺς Ἀθηναίους τῇ τέχνῃ.

5. ἐκελεύσθησαν ὑπὸ τοῦ στρατηγοῦ διαβαίνειν τὸν ποταμόν.

6. διέβησαν τὸν ποταμὸν τῇ γεφύρᾳ.

7. ἄγγελοι ὑπὸ τοῦ βασιλέως πεμφθέντες προὔδοσαι τὴν πόλιν.

8. πολλοῖς χρήμασιν ἐλύσατο τὸν πατέρα.

9. ἔσωσαν τοὺς πολίτας ταῖς ναυσίν.

10. ἡ χώρα διαφθείρεται ὑπὸ τῶν Περσῶν.

Exercise 17 [B].

1. ὁ τῶν Περσῶν μέγας στρατὸς ὑπὸ τῶν Ἑλλήνων ἐνικήθη.
2. οἱ παῖδες λίθοις ἔβαλλον τὸν ῥήτορα.
3. ὁ προδότης ἀπέθανε [τοῖς] λίθοις [τοῖς] ὑπὸ τῶν πολιτῶν βληθεῖσιν.
4. πολλοὶ τῶν στρατιωτῶν ἐτραυματίσθησαν τοῖς τοξεύμασιν.
5. οἱ Ἀθηναῖοι ὑπὸ τῶν πολεμίων ἁλόντες ἀπέθανον.
6. πολλάκις νικηθέντες ἐπαύσαντο τοῦ πολέμου.
7. οἱ ἀνδρειότατοι τῶν στρατιωτῶν ἀπέθανον τοῖς τῶν πολεμίων βέλεσιν.
8. οἱ τὰ ἆθλα ἐν τοῖς ἀγῶσι φερόμενοι τιμῶνται ὑπὸ τῶν πολιτῶν.
9. οἱ Ἀθηναῖοι ἐβούλοντο λύεσθαι τοὺς στρατιώτας τοὺς ὑπὸ τῶν πολεμίων ληφθέντας.
10. ἡ γέφυρα τῷ χειμῶνι ἐλύθη.

Exercise 18 [A].

1. αἱ νῆες ἔπλευσαν Ἀθήνηθεν πρὸς τὸν Ἑλλήσποντον [or, ἐπὶ τοῦ Ἑλλησπόντου].
2. οἱ στρατιῶται οἱ ὑπὸ τῶν πολεμίων ἁλόντες οἴκαδε ἐπέμφθησαν.
3. οἱ ἐν τοῖς τείχεσι στρατιῶται ἀπέθανον τοῖς τοξεύμασι.

Ex. 18.—continued.

4. ἄγγελοι ἐπέμφθησαν ὑπὸ τῶν Ἑλλήνων ὡς τὸν βασιλέα.

5. οἱ ἄγγελοι οἱ ἐκ τῶν Θηβῶν ἐλθόντες ἤγγειλαν ταῦτα τοῖς Λακεδαιμονίοις.

6. οἱ οἴκοι μείναντες εἶδον τοὺς στρατιώτας τοὺς ἀπὸ τῆς νήσου ἀφικομένους.

7. οἱ ἀμφὶ τὸν στρατηγὸν ἀπέθανον ὑπὸ τῶν προδοτῶν.

8. αἱ νῆες ἀφίκοντο εἰς τὰς Ἀθήνας πολλὰ δῶρα φέρουσαι παρὰ τοῦ βασιλέως.

9. τὸ στράτευμα τὸ ἐπὶ τὴν πόλιν πορευόμενον ἀπώλετο μεγάλῳ χειμῶνι.

10. οἱ στρατιῶται οἱ Μαραθῶνι ἀποθανόντες πολὺ ἐτιμῶντο ὑπὸ τῶν Ἀθηναίων.

Exercise 19 [B].

1. οἱ προδόται οἱ παρὰ τοῦ βασιλέως ἐλθόντες ἀπέθανον ἐν ταῖς Ἀθήναις [Ἀθήνησιν].

2. οἱ ἀπὸ τῆς πόλεως πλεύσαντες ἀφίκοντο εἰς τὴν ἤπειρον ἀσφαλεῖς.

3. στράτευμα ἐπέμφθη ἀπὸ Πλαταιῶν πρὸς τοὺς Ἀθηναίους Μαραθῶνι ὄντας.

4. πολλοὶ Ἕλληνες ἐπορεύθησαν μετὰ Κύρου ἀπὸ Σάρδεων ἐπὶ βασιλέα.

5. οἱ Λακεδαιμόνιοι ἀπέκτειναν τὸν ἄγγελον τὸν παρὰ βασιλέως ἐς Σπάρτην πεμφθέντα.

6. οἱ πολέμιοι προσέβαλλον τοῖς στρατιώταις οἴκαδε πορευομένοις.

Ex. 19 —*continued.*

7. αἱ νῆες αἱ ἐπὶ τὴν Ἑλλάδα ὑπὸ τῶν Περσῶν
   πεμφθεῖσαι διεφθάρησαν.

8. τὰ χρήματα Ἀθήναζε ἐπέμφθη ἀπὸ τῶν νήσων.

9. ὁ δοῦλος ἐπέμφθη ἐκ τῆς Σπάρτης πρὸς τοὺς
   Θηβαίους.

10. οἱ ἐκ τῆς ἠπείρου πρὸς τὴν νῆσον ἐλθόντες ἀπέθανον
    ὑπὸ προδοτῶν.

11. αἱ νῆες ἔπλεον πρὸς τὴν Ἑλλάδα [ἐπὶ τῆς
    Ἑλλάδος].

Exercise 20 [*A*].

1. πᾶσαν τὴν νύκτα ηὐλισμένοι ἅμ᾽ ἡμέρᾳ [ἅμα τῇ
   ἕῳ] ἦραν [ἀφωρμήθησαν].

2. νυκτὸς καθεύδων ἀπέθανε.

3. ὁ στρατὸς νυκτὸς ἀφορμηθεὶς πρὸς τὴν πόλιν
   ἀφίκετο πρὸ τῆς ἕω [ἡμέρας].

4. [τῆς] ἡμέρας τὸ στράτευμα ἐνενήκοντα [καὶ] πέντε
   στάδια ἐπορεύθη.

5. τῇ τετάρτῃ καὶ δεκάτῃ ἡμέρᾳ τὸ στράτευμα πρὸς
   τῇ πόλει ἐστρατοπεδεύσατο.

6. διέβησαν ποταμὸν ἑκατὸν καὶ πέντε ποδῶν τὸ
   εὖρος.

7. τῇ δευτέρᾳ ἡμέρᾳ δώδεκα παρασάγγας ἔδραμεν.

8. τὸ στρατόπεδον πολλὰ στάδια ἀπεῖχε τῆς πόλεως.

9. οἱ Ἕλληνες πρωὶ ἄραντες ὀψὲ [τῆς ἡμέρας] εἰς τὸ
   στρατόπεδον ἀφίκοντο πᾶσαν τὴν ἡμέραν πορευ-
   θέντες.

Ex. 20—*continued.*

10. [τοῦ] χειμῶνος τὰ στρατεύματα μακρὸν χρόνον
ἐστρατοπεδένετο [*or* -οντο].

11. τρὶς τοῦ ἐνιαυτοῦ αὐτοὺς ἑωρῶμεν.

12. ἔφερεν αἰχμὴν δώδεκα ποδῶν τὸ μῆκος.

Exercise 21 [B].

1. εἴκοσι [καὶ] πέντε στάδια πορευθέντες πᾶσαν τὴν
νύκτα πρὸς τῷ ποταμῷ ἔμενον.

2. τῇ τετάρτῃ καὶ δεκάτῃ ἡμέρᾳ πρὸς τὰς Σάρδεις
ἀφίκοντο.

3. ἅμ᾿ ἕῳ ἐκ τῆς Σπάρτης ἀφορμηθέντες ὀψὲ ἦλθον
Ἀθήναζε [εἰς τὰς Ἀθήνας] τῇ ὑστεραίᾳ [*or*, ὀψὲ
τῆς ὑστεραίας].

4. τούτου τοῦ θέρους οἱ Ἀθηναῖοι καὶ κατὰ γῆν καὶ
κατὰ θάλασσαν ἐνικήθησαν.

5. ὁ λιμὴν πέντε στάδια ἀπέχει τῆς πόλεως.

6. ἄρξας ὀκτὼ ἔτη ἀπέθανεν.

7. τῇ εἰκοστῇ ἐνάτῃ ἡμέρᾳ τοῦ μηνὸς οἱ Πέρσαι εἰς τὰς
Ἀθήνας εἰσῆλθον.

8. ἐνθάδε ἦν τεῖχος ἑβδομήκοντα πέντε ποδῶν τὸ
ὕψος.

9. ἦλθε νυκτὸς πρὸς τὴν ἐμὴν οἰκίαν.

10. ἅμ᾿ ἦρι ἄλλη μάχη ἐγένετο.

11. [τοῦ] χειμῶνος ὁ πόλεμος παύεται.

12. λειμῶνα ἔχει δυοῖν σταδίων τὸ εὖρος.

Exercise 22 [A].

1. ἔδοσαν πλείω χρήματα τοῖς ναύταις ἢ τοῖς στρατιώ-
ταις.

2. οἱ Ἀθηναῖοι πλείους ναῦς ἐξέπεμψαν ἢ οἱ Λακεδαι-
μόνιοι.

3. τὸ κελεύειν πολλῷ ἐστι ῥᾷον τοῦ πείθεσθαι [or, ἢ
τὸ πείθεσθαι].

4. ὁ χρυσὸς πολλάκις ἐστὶ χρησιμώτερος τῆς βίας.

5. οἱ Ἀθηναῖοι πολλῷ δυνατώτεροι ἦσαν κατὰ θά-
λασσαν ἢ κατὰ γῆν.

6. αἱ νῆσοι πλείω χρήματα ἢ ναῦς ἔπεμψαν.

7. οἱ ἐν τῇ Σπάρτῃ ἄνδρες οὐκ ἦσαν ἀνδρειότεροι ἢ αἱ
γυναῖκες [or, τῶν γυναικῶν].

8. αἱ νῆες καλλίους ἦσαν ἢ αἱ νῦν [or, τῶν νῦν].

9. ἡμεῖς πλείω ἆθλα φερόμεθα ἐν τοῖς ἀγῶσιν ἢ οἱ
Θηβαῖοι.

10. φιλοῦμεν τὴν ἐλευθερίαν οὐδὲν ἧσσον ἢ τὸν βίον.

Exercise 23 [B].

1. οἱ Ἀθηναῖοι δεινότεροι ἦσαν τῶν Λακεδαιμονίων.

2. οἱ Ἀθηναῖοι μείζω δύναμιν εἶχον ἢ οἱ Λακεδαι-
μόνιοι.

3. ἡ δευτέρα ναῦς θᾶσσον ἔπλευσεν ἢ ἡ πρώτη.

4. καλλίω οἰκίαν σὺ ἔχεις ἢ ἐγώ.

5. οὐδὲν ἐφίλει μᾶλλον ἢ τὸ κλέος.

Ex. 23—*continued.*

6. ὁ Ξενοφῶν πλείους βίβλους ἔγραψεν ἢ ὁ Θουκυ-
    δίδης.

7. ῥᾷόν ἐστι [τὸ] εὖ γράφειν ἢ [τὸ] εὖ λέγειν.

8. τὸ τεῖχος πεποιήκασιν εὐρύτερον ἢ τὴν τάφρον.

9. ὁ Ἀριστείδης δικαιότερος ἦν τῶν ἐχθρῶν αὐτοῦ.

10. δεδώκασιν αὐτῷ κάλλιον δῶρον ἢ ἐμοί.

Exercise 24 [*A*].

REVISION.

1. τὸ εὖ λέγειν ῥᾷον ἦν τοῖς Ἀθηναίοις ἢ τοῖς Λακε
    δαιμονίοις.

2. πολλὰ στάδια πορευθέντες τῆς ἡμέρας τὸ στρα-
    τευμα ἐστρατοπεδεύσατο πρὸς ἑσπέραν.

3. οἱ Ἕλληνες οὐκ ἐνόμιζον αἰσχρὸν τὸ ψεύδεσθαι.

4. οἱ προδόται οἱ εἰς τὴν πόλιν εἰσελθόντες ἐβάλλοντο
    τοῖς λίθοις ὑπὸ τῶν πολιτῶν.

5. ἀφωρμήθησαν ἅμ᾽ ἕῳ καὶ ἐπορεύοντο πᾶσαν τὴν
    ἡμέραν.

6. ἅμα τῷ ἦρι αἱ νῆες αἱ τοῦ χειμῶνος πλεύσασαι
    ἦλθον εἰς τὴν νῆσον.

7. οἱ ἄνδρες οὐκ ἀεί εἰσιν ἀνδρειότεροι τῶν γυναικῶν.

8. πολλοὶ τῶν στρατιωτῶν ἀπέθανον τοῖς τῶν πολε-
    μίων βέλεσι.

9. οἱ πολέμιοι ἐπέθεντο τῷ στρατῷ [τῷ] ἅμ᾽ ἕῳ ἐκ τοῦ
    στρατοπέδου ἀφορμηθέντι.

10. [ὁ] Κῦρος ἀπέθανε ἐπὶ τὸν ἀδελφὸν ἐπιών.

Exercise 25 [B].

REVISION.

1. οἱ Ἀθηναῖοι ἀεὶ ἐφέροντο πολλὰ ἆθλα ἐν τοῖς ἀγῶσι.

2. χίλιοι ὁπλῖται ἐκ Πλαταιῶν ἀφορμηθέντες ἐπορεύθησαν ἐπὶ τοὺς Μήδους.

3. ἐλυσάμεθα τοὺς στρατιώτας τοὺς ὑπὸ τῶν πολεμίων ληφθέντας.

4. ἐδιδαξάμην τὸν υἱὸν εὖ λέγειν.

5. οἱ στρατιῶται ἤθελον πείθεσθαι τῷ στρατηγῷ οὐδὲ ἐπαύσαντο τῆς μάχης.

6. τριακόσιοι στρατιῶται ἀπέθανον νυκτὸς τοῖς τῶν βαρβάρων τοξεύμασι.

7. αἱ γυναῖκες ἐβούλοντο πείθειν τὸν στρατηγὸν παῦσαι τὴν μάχην, ἀλλ᾽ οὐκ ἐπείθετο αὐταῖς.

8. ἡ ἀνδρεία ἀεὶ σφόδρα ἐτιμᾶτο ὑπὸ τῶν Ἑλλήνων τῶν πάλαι [τῶν πάλαι Ἑλλήνων].

9. τὸ ἀργύριον οὐχ ἧσσον χρήσιμόν ἐστι τοῖς νῦν ἢ τοῖς πάλαι.

10. οἱ ἐν τοῖς ἀγῶσιν ἆθλα φερόμενοι ἐνίοτε τιμῶνται μᾶλλον ἢ οἱ ὑπὲρ τῆς πατρίδος μαχόμενοι.

Exercise 26 [A].

1. οἱ ἄγγελοι οἱ πρὸς τὰς Ἀθήνας ὑπὸ βασιλέως πεμφθέντες ἀπέθανον ὑπὸ τῶν πολιτῶν.

2. πολλὰ δῶρα ἐφέρετο ναυσὶ παρὰ τῶν ἐν ταῖς νήσοις.

Ex. 26—*continued*.

3. τὸν χειμῶνα αἱ νῆες ἔμενον ἐν τῷ λιμένι, καὶ ἅμ᾽ ἦρι ἐξέπλευσαν.

4. ὁ βασιλεὺς ἐβούλετο καταδουλοῦν τοὺς Ἕλληνας τοὺς τοῖς Μήδοις μαχεσαμένους.

5. οἱ Πλαταιῆς ὑπὸ τῶν Θηβαίων προσβαλλόμενοι ἀγγέλους εὐθὺς ἔπεμψαν πρὸς τὰς Ἀθήνας.

6. οἱ στρατιῶται οὐ πεισθέντες τῷ στρατηγῷ ἀπέθανον.

7. πολλὰ στάδια πορευθέντες εἰς τὴν πόλιν πρὸς ἑσπέραν ἀφικόμεθα.

8. οὐκ ἠθέλομεν λύεσθαι τοὺς πολίτας τοὺς τὴν πόλιν τοῖς πολεμίοις προδόντας.

9. ὁ Θεμιστοκλῆς ἀποφυγὼν ἀπὸ τῆς Ἑλλάδος ὡς βασιλέα πολλὰ ἔτη παρ᾽ αὐτῷ ἔμενεν.

10. ὁ Ἰάσων ἐξέπλευσεν ἆθλον μέγα βουλόμενος φέρεσθαι.

Exercise 27 [*B*].

1. ἡ τῶν πλουσίων δύναμις πολλῷ [πολὺ] μείζων ἐστὶν ἐν ταῖς Θήβαις ἢ ἐν ταῖς Ἀθήναις.

2. ἡ πόλις οὐ δυναμένη σῴζεσθαι τοῖς ὅπλοις ἐσώθη τῇ τέχνῃ ἑνὸς πολίτου.

3. αἱ Θερμοπύλαι προὐδόθησαν ὑπ᾽ Ἐφιάλτου, πολλοῖς χρήμασι πεισθέντος.

4. οἱ λειφθέντες τῇ ὑστεραίᾳ αὖθις ἐμαχέσαντο.

5. οἱ Ἀθηναῖοι ἐλευθερώσαντες τὰς νήσους σφόδρα ἐτιμῶντο ὑπὸ πάντων τῶν Ἑλλήνων.

Ex. 27—*continued.*

6. [τοῦ] θέρους ἡ πόλις ἧσσόν ἐστιν ἡδεῖα ἢ [τοῦ]
χειμῶνος.

7. οἱ Μῆδοι ἐκ τῶν Σάρδεων ἄραντες ἐπέθεντο τῇ
Ἑλλάδι μεγάλῳ [τῷ] στρατῷ.

8. οἱ πάλαι σφόδρα ἐτίμων τοὺς τὰ ἆθλα ἐν τοῖς
ἀγῶσι φερομένους.

9. οἱ τῶν Ἑλλήνων ἡγεμόνες συλληφθέντες ὑπὸ τῶν
Μήδων ἀπέθανον.

10. τὸ εὖ λέγειν πολλῷ χρησιμώτερόν ἐστι τοῖς
ῥήτορσιν ἢ τοῖς στρατιώταις.

Exercise 28 [A].

1. οἱ δοῦλοι ἔφερον τὸν σῖτον εἰς τὴν οἰκίαν.

2. οἱ ταῦτα εἰπόντες κατεκρίθησαν ὑπὸ τῶν κριτῶν.

3. ὑπὸ τῶν Μήδων ἁλοὺς ἔμενεν ἐν Σάρδεσι εἴκοσιν
ἔτη.

4. ἐνίκων, ἀλλ' ἡ νὺξ τὴν μάχην ἔπαυσεν.

5. μετὰ τρεῖς ἡμέρας κάτειμι οἴκαδε πολλὰ ἆθλα
φέρων.

6. οἱ τότε οὐκ ἐφίλουν τὰ χρήματα μᾶλλον ἢ τὴν
δόξαν.

7. ἐλήφθησαν διαβαίνοντες εὐρὺν ποταμόν.

8. πλείους ἔχω φίλους νῦν ἢ τότε [εἶχον].

9. τοῦ ἦρος ἀεὶ βούλομαι ἐν Ἀθήναις εἶναι.

10. οἱ ἄγγελοι οἱ παρὰ τοῦ βασιλέως ἐλθόντες ταῦτα
ἡμῖν ἤγγειλαν.

Exercise 29 [B].

1. οὐ φιλοῦνται οἱ τὰ κακὰ ἀγγέλλοντες.
2. τὸ τοῦ Δημοσθένους στράτευμα ἐν τῷ ποταμῷ ἀπώλετο.
3. ἡ Ἑλλὰς ἀπέχει τῆς Περσικῆς πολλῶν ἡμερῶν ὁδόν.
4. ἄγγελοι πρὸς Κῦρον πεμφθέντες ᾔτουν τὰ χρήματα.
5. ὁ Ἀρχιμήδης ἠμύνατο τοὺς πολεμίους τῇ πόλει.
6. τῇ ἀνδρείᾳ φερόμεθα τὸ κλέος.
7. τὸ μάχεσθαι βέλτιόν ἐστι τοῦ οἴκοι μένειν [ἢ τὸ οἴκοι μένειν].
8. οἱ πένητες οὐκ ἀεὶ τοῖς πλουσίοις πείθονται.
9. ταῦτα ἀκούσας ὁ στρατηγὸς ἤγαγε ταχέως τὸν στρατὸν ἐπὶ τῶν Θηβῶν.
10. οἱ δοῦλοι ὑπὸ τῶν στρατιωτῶν ἐλευθερωθέντες εὐθὺς ἐκ τῆς νήσου ἀπῆλθον.

Exercise 30.

1. ἀφικόμενοι οἱ στρατιῶται ηὐλίσαντο ἐν τῇ ἀγορᾷ.
2. τοῦ στρατεύματος εἰς τὴν πόλιν εἰσελθόντος οἱ πολῖται ἔφυγον.
3. τοὺς ἀγγέλους ληφθέντας ἀπέκτειναν.
4. οἱ Λακεδαιμόνιοι ἡγεμονεύοντος τοῦ βασιλέως ἐνίκησαν τοὺς Ἀθηναίους.

Ex. 30—*continued.*

5. πολλὰς ἡμέρας πορευθέντες ἀφικόμεθα πρὸς ποταμὸν ἐνενήκοντα ποδῶν τὸ εὖρος.

6. ὁ προδότης συλληφθεὶς ἀπέθανεν.

7. οἱ πολέμιοι ἐπέθεντο ἡμῖν οἴκαδε πορευομένοις.

8. ἐπέθεντο τοῖς πολεμίοις ὀλίγοι ὄντες.

9. οὐδεὶς ἡμῶν καταφρονεῖ ὀλίγων ὄντων.

10. ἀποθανόντος τοῦ Κύρου οἱ στρατιῶται ἔφυγον.

11. κελεύσαντος αὐτοῦ ἀπέδομεν τὰ δῶρα.

12. λυσάμενοι τοὺς πολίτας οἴκαδε ἀπήλθομεν.

Exercise 31 [A].

1. τῶν ἱππέων [ἐς φυγὴν] τραπομένων τὸ στράτευμα ἀνεχώρησε.

2. τὸ στράτευμα τραπόμενον ἀπέφυγε.

3. ἐώμενοι ἀποφυγεῖν οὐκ ἔμειναν.

4. τῶν ἀγγέλων ἀφικομένων ὁ βασιλεὺς ἤδη ἀπετεθνήκει.

5. τῆς πόλεως προδοθείσης τοῖς πολεμίοις πάντες οἱ ἄνδρες ἀπέθανον.

6. τὸ στράτευμα διέβη τὸν ποταμὸν τοῦ στρατηγοῦ κελεύσαντος προχωρεῖν.

7. ὁ στρατὸς προσελθὼν πρὸς τὸν ποταμὸν διέβη εὐθύς.

8. ἐμένομεν ἐν τῇ πόλει [καίπερ] δυνάμενοι ἀπελθεῖν.

9. τῷ βασιλεῖ ἀσθενεῖ ὄντι οὐδεὶς ἤθελε πείθεσθαι.

10. οἱ Θηβαῖοι τοὺς ἀγγέλους συλληφθέντας ἀπέκτειναν.

Exercise 32 [B].

1. τῶν Ἀθηναίων προσελθόντων οἱ στρατιῶται ἀν-
δρειότερον ἐμάχοντο.
2. οἱ στρατιῶται κελευσθέντες ὑπὸ τοῦ στρατηγοῦ
ἀνεχώρησαν.
3. ἡ ναῦς ἄρασα πέντε καὶ εἴκοσιν ἡμέρας ἀπῆν.
4. τῆς νεὼς ἤδη πλευσάσης ὁ Σωκράτης ἐννεακαίδεκα
ἡμερῶν οὐκ ἀπέθανεν.
5. τοὺς πολίτας κατακριθέντας οἱ Λακεδαιμόνιοι
ἀπέκτειναν.
6. ἀναγκαζόμενοι ἀναχωρῆσαι οἱ στρατιῶται ἕτοιμοι
ἦσαν πορεύεσθαι.
7. οἱ στρατιῶται οὐδένα σῖτον ἔχοντες οὐκ ἤθελον
ἐπιτίθεσθαι τοῖς πολεμίοις.
8. ὁ στρατηγὸς οὐκ ἤθελεν ἐπιτίθεσθαι τοῦ στρατεύ-
ματος οὐδένα σῖτον ἔχοντος.
9. δυνάμενος ἀποφυγεῖν ὁ Σωκράτης ἐν τῇ πόλει
ἔμενεν.
10. εἰσελθόντων αὐτῶν ὁ κριτὴς πολλὰ ἤρετο τοὺς
δούλους.

Exercise 33 [A].

1. αὐτὸς ὁ βασιλεὺς ἔδωκέ μοι τὸ ἀργύριον.
2. πάντες πείθονται τῷ αὐτῷ [ταὐτῷ] δεσπότῃ.
3. αὐτοὶ ἔδομεν τὸ ἀργύριον τοῖς πένησι.
4. ὁ χειμὼν ἐδόκει δεινὸς αὐτοῖς τοῖς ναύταις.

Ex. 33—*continued.*

5. ἔδωκα αὐτοῖς τὸν αὐτὸν μισθόν.
6. νομίζω αὐτοὺς τοὺς πολίτας προδότας.
7. αὐτὴ ἀνδρειοτέρα ἦν αὐτῶν.
8. αὐτοὶ οἱ στρατιῶται ἐκ τῆς πόλεως ἔφυγον.
9. οἱ αὐτοὶ οὐκ ἀεὶ ταὐτὰ λέγουσι.
10. αὐτὸς εἶδον τὴν γυναῖκα αὐτοῦ ἐν τῇ οἰκίᾳ.

Exercise 34 [B].

1. τὸ ἀληθὲς οὐκ ἀεί ἐστιν ἡδύ.
2. τὸν αὐτὸν μισθὸν ἔλαβον παρ' αὐτοῦ τοῦ βασιλέως.
3. ἔπεμψα τὸ ἀργύριον αὐτῶν πρὸς τὸν βασιλέα.
4. αὐτὸς εἶπεν.
5. οἱ πλούσιοι ἔδοσαν αὐτοῖς ταὐτὰ δῶρα.
6. τίς λύσεται αὐτὸν τὸν στρατηγόν ;
7. τῇ αὐτῇ [ταύτῃ] μάχῃ ὁ στρατηγὸς ἀπέθανε.
8. ἀπέκτειναν τοὺς πολίτας αὐταῖς ταῖς γυναιξί.
9. αὐτὸς ἔπεμψα αὐτοὺς Ἀθήναζε [εἰς τὰς Ἀθήνας].
10. ὁ υἱὸς αὐτὸς μείζω δύναμιν ἔχει τοῦ πατρός.

Exercise 35 [A].

1. αὐτὸς ὁ στρατηγὸς οὐκ ἤθελεν ἐπιτίθεσθαι τούτῳ τῷ στρατεύματι.
2. ἀγαθὸν μὲν τὸ ἀληθές, οἱ δὲ ἄνθρωποι οὐκ ἀεὶ φιλοῦσι τὰ ἀγαθά.
3. οὗτοι οἱ δεσπόται ἔλυσαν τοὺς ἑαυτῶν δούλους.

Ex. 35—*continued*.

4. οἱ μὲν ἤδη ἀφιγμένοι ἦσαν οἱ δὲ ἀφωρμῶντο.

5. ὁ βασιλεὺς αὐτὸς ἀπήγγειλε ταῦτα πᾶσι τοῖς πολίταις.

6. ἔδωκεν αὐτοῖς τὸν ἑαυτοῦ ἵππον.

7. οὐκ ἤθελον δέχεσθαι τὸν ἵππον αὐτοῦ.

8. οἱ Ἕλληνες τρὶς ἐνίκησαν ἐν τῷ αὐτῷ πολέμῳ.

9. οἱ Θηβαῖοι τὴν μὲν ἑαυτῶν πόλιν ἐσώσαντο, οὐδὲ ἤθελον μάχεσθαι ὑπὲρ τῆς Ἑλλάδος.

10. αὐτοὶ ἀεὶ ἐβουλόμεθα ταῦτα ⌊ὦρα δέχεσθαι.

11. ἀπήλθομεν πάντες εἰς τοὺς ἡμετέρους οἴκους.

12. οὐκ ἤθελον αὐτῷ δοῦναι τὸ ἐμὸν ξίφος.

Exercise 36 [*B*].

1. οἱ μὲν ἐν τῇ πόλει ἔμενον οἱ δὲ ἐξῆσαν ἐπὶ τοὺς πολεμίους.

2. αὐτοὶ ἑκόντες ἔδομεν τοῖς πένησι τὰ ἡμέτερα χρήματα.

3. ἐκεῖνοι οἱ στρατιῶται ἄξιοί εἰσι τῆς μεγίστης τιμῆς.

4. τὸ μὲν ξίφος τῷ στρατηγῷ ἔδωκεν τὸν δὲ ἵππον οὐκ ἤθελε δοῦναι.

5. ταῦτα ἀπήγγειλα αὐτῷ τῷ βασιλεῖ.

6. νομίζω τούτους τοὺς προδότας ἀξίους τῆς αὐτῆς ζημίας.

7. ἔδωκεν αὐτοῖς τάς τε ναῦς καὶ τοὺς ναύτας.

8. οἱ μὲν φιλοῦσι τὸν χρυσὸν μᾶλλον ἢ τὴν τιμὴν, οἱ δὲ νομίζουσι τοῦτο αἰσχρόν.

9. ἑκὼν ἔδωκα πολλὰ χρήματα τούτοις τοῖς πένησι.

Ex. 36—*continued.*

10. τὸν μὲν υἱὸν οὐκ ἤθελε πέμπειν, δοῦλον δὲ ἔπεμψε.

11. ἡμεῖς μὲν δώσομέν σοι τὸν ἡμέτερον χρυσὸν, σὺ δὲ πέμψεις πρὸς ἡμᾶς τὸν σῖτον.

12. ἐκεῖνα τὰ χρήματα αὐτὸς ἔλαβον παρὰ τοῦ ἐμοῦ πατρός.

Exercise 37 [*A*].

ὁ μὲν τῶν Ἑλλήνων στρατὸς ἐκ τοῦ λιμένος ἐξῆλθε τῇ ὑστεραίᾳ· τέσσαρας δὲ ἡμέρας τούτου πλεύσαντος ἐπὶ τῆς Λήμνου χειμὼν γενόμενος πέντε τῶν νεῶν διέφθειρεν· οὐδὲ πολλοὶ τῶν ἐν ταύταις ταῖς ναυσὶν ὁπλιτῶν ἐσώθησαν. τῇ μέντοι ὀγδόῃ ἡμέρᾳ εἰς τὴν Λῆμνον ἀφικόμενοι εὐθὺς ἀγγέλους ἔπεμψαν πρὸς πάσας τὰς πόλεις. αἱ μὲν οὖν τῶν πόλεων πειθόμεναι αὐτοῖς πεντακοσίους τῶν ὁπλιτῶν ἔπεμψαν εἰς τὸ τῶν Ἀθηναίων στρατόπεδον· αἱ δε ἄλλαι εἰσκομισάμενοι πάντα τὰ χρήματα εἰς τὰ ἄστη ἐφύλασσον τὰ τείχη.

Exercise 38 [*B*].

τοὺς μὲν τῆς Μυτιλήνης πολίτας οἱ Ἀθηναῖοι μάλιστα ἐβούλοντο νικᾶν ὡς ἀνδρειοτάτους τε καὶ πλουσιωτάτους ὄντας πάντων τῶν Λεσβίων· τρὶς δὲ προσβαλόντες τοῖς ταύτης τῆς πόλεως τείχεσιν οὐδὲ πράξαντες οὐδὲν ἀνεχώρησαν εἰς τὸν τόπον οὗ πρῶτον ἐστρατοπεδεύσαντο. τούτου δὲ τοῦ στρατοπέδου ἐν

Ex. 38—continued.

χωρίῳ τινὶ ὄντος οὗ ὕδωρ οὐκ ἦν καὶ τοῦ χειμῶνος
ἀρχομένου οἱ στρατιῶται ἤδη δεινὰ ἔπασχον· τὰ γὰρ
ἑαυτῶν ἐπιτήδεια τὰ ἐξ Ἀθηνῶν κομισθέντα ἦν ἐν ταῖς
ναυσὶ ταῖς τῷ χειμῶνι διαφθαρείσαις· ἐδόκει οὖν τοῖς
στρατηγοῖς οἴκαδε εὐθὺς ἀπελθοῦσι τῷ ἐπιγιγνομένῳ
ἦρι πάλιν ἀφορμηθῆναι.

Exercise 39 [A].

ἅμα τῷ ἦρι τὸ τῶν Θηβαίων στράτευμα πάντα τὰ
σκεύη καταλιπὸν ἐπορεύθη ἐκ τοῦ στρατοπέδου. ὑπερ-
βάντες δὲ τὰ ὄρη κατέβησαν εἰς τὸ πεδίον οὗ οἱ πολέ-
μιοι ἤδη αὐτοὺς προσεδέχοντο. οἱ μὲν οὖν στρατιῶται
ἐβούλοντο εὐθὺς ἐπιτίθεσθαι [αὐτοῖς], τῷ δὲ στρατηγῷ
ἐδόκει ἀσφαλέστερον εἶναι μένειν, τῶν πολεμίων χωρίον
τι ἰσχυρὸν ἐχόντων. ἐξέπεμψεν οὖν τοὺς ἱππέας,
βουλόμενος πείθειν τοὺς πολεμίους μάχεσθαι, ἀλλ'
αὐτὸς ἔχων τοὺς πεζοὺς ἐν τῷ στρατοπέδῳ ἔμενεν. οἱ
δὲ πολέμιοι ὁρῶντες τοὺς ἱππέας ἐπιόντας εὐθὺς ἐξελ-
θόντες ἐκ τοῦ στρατοπέδου πανστρατίᾳ ἐπέθεντο τοῖς
Θηβαίοις.

Exercise 40 [B].

τῶν δὲ Μήδων πρὸς Μαραθῶνα ἀφικομένων, μύριοι
Ἀθηναῖοι ἐν τοῖς ὄρεσιν ἐτάχθησαν, στρατηγοῦντος τοῦ
Μιλτιάδου. καὶ μελλόντων αὐτῶν τοῖς Μήδοις ἐπι-
θήσεσθαι, στρατὸς χιλίων πεζῶν ἀφίκετο ἐκ τῶν

Ex. 40—continued.

Πλαταιῶν, τῶν γε ἄλλων πόλεων οὐδένας στρατιώτας πεμψασῶν. οὗτοι δὲ οἱ Πλαταιῆς ἦλθον χάριν εἰδότες [ἔχοντες] τοῖς Ἀθηναίοις οἳ πάλαι αὐτοῖς ἐβοήθησαν. Ἕλληνες οὖν μύριοι καὶ χίλιοι ἑτοῖμοι ἦσαν τῷ μεγάλῳ στρατῷ τῶν Μήδων ἐπιτίθεσθαι. ἐξὸν δὲ ἐν τοῖς ὄρεσι μένειν ὁ Μιλτιάδης ἐκέλευσεν αὐτοὺς εὐθὺς ἐμπεσεῖν τοῖς Μήδοις, ἐκβαίνουσιν ἐκ τῶν νεῶν οὐδὲ προσβολὴν φοβουμένοις.

Exercise 41.

1. οἱ ἄγγελοι ἀπήγγειλαν ὅτι αἱ τῶν πολεμίων νῆες προσέρχονται [or Opt.].

2. ἀπεκρίνατο ὅτι αἱ νῆες ταχέως εἰσίασιν [or Opt.] εἰς τὸν λιμένα.

3. ἀγγέλλεται ὅτι οἱ πολέμιοι πεφεύγασιν.

4. ἤγγειλαν ὡς τὸ στράτευμα εἰς λίμνην τινὰ κατέπεσεν.

5. ἠγγέλθη ὅτι ὁ Κῦρος τέθνηκε.

6. εἶπον ὡς ὁ στρατὸς οὐ στρατοπεδεύσεται [or Fut. Opt.] τὴν νύκτα.

7. εἰπὲ ὅτι βοηθήσω αὐτοῖς.

8. ἠγγέλθη ὅτι οἱ Ἀθηναῖοι τὴν πόλιν τειχίζουσι [or Opt.].

9. ὁ Δημοσθένης εἶπεν ὅτι ὁ Φίλιππος οὐ δύναται [or Opt.] νικᾶν τοὺς Ἀθηναίους.

10. ἀπόκριναι ὅτι αὐτὸς οὐ παρέσει.

Exercise 42.

1. οἱ ἄγγελοι ἀπήγγειλαν τὰς τῶν πολεμίων ναῦς προσέρχεσθαι.
2. ἀπεκρίνατο τὰς ναῦς ταχέως εἰς τὸν λιμένα εἰσιέναι.
3. ἀγγέλλεται τοὺς πολεμίους πεφευγέναι.
4. ἤγγειλαν τὸ στράτευμα εἰς λίμνην τινὰ καταπεσεῖν.
5. ἠγγέλθη τὸν Κῦρον τεθνηκέναι.
6. οὐκ ἔφασαν τὸν στρατὸν στρατοπεδεύσεσθαι τὴν νύκτα.
7. φάθι ἐμὲ βοηθήσειν αὐτοῖς.
8. ἠγγέλθη τοὺς Ἀθηναίους τὴν πόλιν τειχίζειν.
9. ὁ Δημοσθένης οὐκ ἔφη τὸν Φίλιππον δύνασθαι νικᾶν τοὺς Ἀθηναίους.
10. ἀπόκριναι οὐκ αὐτὸς παρέσεσθαι.

Exercise 43 [A].

1. ὁ ἄγγελος οὐκ ἔφη ἑωρακέναι [ἰδεῖν] τὸ τῶν Μήδων στρατόπεδον.
2. ᾐσθόμην ἐλθὼν πρὸς τὸν τοῦ ἐμοῦ φίλου οἶκον.
3. ᾔδει οὐδένα ἐκ τῆς οἰκίας ἐξελθόντα.
4. οἶδεν οὐκ αὐτὸς ἀλλὰ τὸν φίλον αὐτοῦ ζητούμενον.
5. οἱ κατάσκοποι ἀπήγγειλαν τοὺς πολεμίους πεφευγέναι.
6. οὔ φησι τὸν στρατὸν εὐθὺς ἀφίξεσθαι.
7. εἴδομεν τοὺς πολεμίους εὐθὺς ἡμῖν ἐπιθησομένους.

Ex. 43—*continued.*

8. ὑπεσχόμην μὴ εἰς τὸ ἄστυ εἰσιέναι.

9. ὡμολόγησα αὐτὸς τοῦτο ποιῆσαι.

10. Αἰνείας ἤσθετο τὴν Τροίαν καιομένην.

11. νομίζω αὐτὸν τὰ ἀληθῆ εἰπεῖν.

12. δίκαιον νομίζομεν εἶναι τιμᾶν τοὺς ἐν Θερμοπύλαις πεσόντας.

Exercise 44 [*B*].

1. εἶδον τὴν πόλιν ἤδη καιομένην.

2. ᾔδεσαν τὸν στρατηγὸν αὐτὸν παρεσόμενον.

3. οἱ Ἀθηναῖοι πάντες ἔφασκον τὸν Ἀριστείδην δικαιότατον εἶναι τῶν ἀνθρώπων.

4. ὁ Μιλτιάδης ὑπέσχετο χρήματα πρὸς τὰς Ἀθήνας προσοίσειν.

5. ὡμολόγουν ἐκ τῆς μάχης ἀποφυγεῖν.

6. τίς οὐκ ἀκήκοε τὴν Ἑλλάδα ἐλευθέραν ποτὲ οὖσαν ;

7. ἤλπιζον μηδένα σφᾶς ἰδεῖν.

8. οὐκ ἔφη αὐτὸς ἀλλὰ τὴν γυναῖκα προδοῦναι τὴν πόλιν.

9. οἱ αἰχμάλωτοι οὐκ ἔφασαν ἀδικῆσαι.

10. ἐνομίζομεν ὑμᾶς ἐνθάδε εὑρήσειν.

11. ᾔσθοντο τὰς πύλας ἀνεῳγμένας [ἀνοιχθείσας].

12. οἱ σοφοὶ νομίζουσιν τὴν ψυχὴν ἀθάνατον εἶναι.

Exercise 45 [A].

μετὰ. δὲ ταῦτα ἄγγελοι 'Αθήναζε ἦλθον ἀγγέλλοντες
πάντα τὸν στρατὸν διαφθαρῆναι καὶ αὐτοὺς τοὺς
στρατηγοὺς ἀποθανεῖν. πρῶτον μὲν οὐδεὶς ἐπείθετο
ταῦτα εἶναι ἀληθῆ, ἀλλ' οἱ μὲν ἔφασαν τοὺς ἀγγέλους
προδότας εἶναι καὶ τὸν δῆμον ἐξαπατᾶν, οἱ δὲ ἔφασκον
εἰδέναι τοὺς πολεμίους νικηθέντας· τέλος δὲ ᾔσθοντο
τὰ ἀγγελθέντα ἀληθῆ ὄντα. οὐ μέντοι ἀθυμοῦντες,
ἐτείχιζον τὰ τῆς πόλεως τείχη· ἐνόμιζον γὰρ τοὺς
Λακεδαιμονίους τὰ ἠγγελμένα ἀκούσαντας ταχέως
σφίσιν ἐπιθήσεσθαι.

Exercise 46 [B].

ἠγγέλθη εἰς τὰς 'Αθήνας τοὺς Πέρσας ὑπερβάντας
ἤδη τὰ ὄρη εἰς τὴν 'Αττικὴν προχωρεῖν. πολλοὶ μὲν
οὖν τῶν πρώτων τῆς πόλεως ἐν τῇ βουλῇ ἀγορεύοντες
τὴν μὲν πόλιν οὐκ ἔφασαν δυνήσεσθαι φυλάσσειν,
δοκεῖν δὲ ἄμεινον εἰς τὴν ἀκρόπολιν καταφεύγειν.
πείθοντος δὲ τοῦ Θεμιστοκλέους ἔδοξε τοῖς πολλοῖς
εἰς τὰς ναῦς ἐμβαίνειν· ἤλπιζον γὰρ ἐκεῖ ἐν ἀσφαλεῖ
ἔσεσθαι, νομίζοντες δὴ τὰς ναῦς τὰ ξύλινα τείχη εἶναι
τὰ ὑπὸ τοῦ θεοῦ εἰρημένα.

Exercise 47 [A].

1. τούτων γενομένων ἄμεινον ἔμοιγε δοκεῖ οὐδένα στρατηγὸν ἢ τοῦτον ἔχειν.
2. σαφῶς αὐτοῖς εἶπον ὅτι οὐ βοηθήσω αὐτοῖς.
3. ἡ ἐμὴ οἰκία ἐστιν ἐν ταύτῃ τῇ ὁδῷ.
4. τοὺς μὲν πολίτας ἔσωσαν τὴν δὲ πόλιν αὐτῶν καθεῖλον.
5. οἱ Μῆδοι ἑλόντες τὰς Ἀθήνας ἐνόμιζον τελευτῆσαι πάντα τὸν πόλεμον.
6. τοῦ στρατεύματος νενικημένου οἱ Ἀθηναῖοι κολάζουσι τοὺς στρατηγούς.
7. ἐγώ τε καὶ σὺ τὰς αὐτὰς βίβλους ἔχομεν.
8. αὐτὸς οὐ νομίζει σοφῶς πρᾶξαι.
9. τὴν ναῦν οὐκ ἄρασαν δυνάμεθα παῦσαι.
10. τούτους αὐτοὺς νομίζω ἀξίους εἶναι τῆς τιμῆς.

Exercise 48 [B].

1. στρατηγοῦντος τοῦ Κόνωνος οἱ στρατιῶται ἐνόμιζον ἀεὶ δύνασθαι νικᾶν τοὺς πολεμίους.
2. ὑπεσχόμεθα τοὺς ἡμετέρους δούλους ἐλευθερώσειν.
3. αὐτὸς ὁ στρατηγὸς οὐκ ἔφη ἡμᾶς δύνασθαι τοὺς πολεμίους νικᾶν.
4. ὑπέσχετο δώσειν μοι τὸ αὐτοῦ ξίφος.
5. ἀποθανόντων τῶν ἡγεμόνων Ξενοφῶν στρατηγὸς ἐποιήθη.

Ex. 48—*continued.*

6. εἶδον ταυτας τὰς ναῦς ἐκ τοῦ αὐτοῦ λιμένος ἐλ-
θούσας.

7. ᾐσθόμεθα αὐτοὶ ἀλωσόμενοι.

8. αὐτὸς ὁ Θεμιστοκλῆς ἤθελε τοὺς Μήδους ὠφελεῖν.

9. οὗτοι οἱ κατάσκοποι ἀγγέλλουσιν ὅτι οἱ πολέμιοι
ὑπερβαίνουσι τὰ ὄρη.

10. οὐκ ἔφασαν τοὺς βαρβάρους οὐδέποτε εἰς τὴν χώραν
αὐτῶν εἰσβαλεῖν.

Exercise 49.

τίς τοῦτο ἔφη ;	πῶς τοῦτο ἔπραξας ;
πόσοι παρῆσαν ;	ἆρ' εἶδες αὐτόν ;
ποῖαι βίβλοι ;	ἆρ' οὐκ ἀφίκοντο ;
πόσον ἐστὶ τὸ τεῖχϙς ;	[βούλεσθε] ἀπίωμεν ;
ποῦ ἐστι τὸ ἀργύριον ;	πότερον ἀργύριον ἢ ναῦς
πόθεν ἦλθον ;	ἔπεμψαν ;
μὴ τοῦτο ποιήσω [ποιῶ] ;	ἆρα μὴ τέθνηκε ;
ποῖ εἶ ;	ποῦ ἐστιν ὁ λιμήν ;
τίνι πείθεσθε ;	ἆρα βούλει μένωμεν ;
ποῖ ἴω ;	τίνος ἔχεις τὰς βίβλους ;
πότε ἀφίκου ;	πῶς οὐ ταῦτα οἶδεν ;

Exercise 50 [*A*].

1. ἆρ' οὗτοι οἱ πολῖται ἑκόντες πείθονται τῷ **βασιλεῖ** ;

2. πόσαι πόλεις τῆς Ἑλλάδος τυράννους **ἔχουσιν** ;

3. πότε ἠγγέλθη αὐτὸν τεθνηκέναι ;

Ex. 50—continued.

4. ἆρ' αὕτη ἐστὶν ἡ χώρα ἥν βούλει ἐλευθεροῦν ;

5. ποῖον μισθὸν ὑπέσχου αὐτοῖς ;

6. ἆρ' οὐχ οὗτοί εἰσιν οἱ ἀγροὶ οὓς σὺ ἐπείρω ἀπο-
δόσθαι ;

7. ποῖ πορευθῇ τὸ στράτευμα ;

8. ἆρ' ἐστρατοπεδεύσαντο οὗ [ὅπου] ποταμὸς ἦν ;

9. πότερον ἀπιέναι βούλει ἢ μένειν ἐνθάδε ;

10. πόσους βοῦς ἔπεμψας πρὸς τὸ στράτευμα ;

11. πόση ἦν ἡ ναῦς ἐν ᾗ ἦλθες ;

12. τί αὐτὸν ἐρωτήσω ;

Exercise 51 [B].

1. πόσαι νῆες ἐπέμφθησαν ὑπὸ τῶν Ἀθηναίων ;

2. αὕτη ἐστὶν ἡ ναῦς ἐν ᾗ ἦλθον.

3. τίς τὸν χρυσὸν προσήνεγκε ἐκ τῆς ἠπείρου ;

4. ἆρ' ὁ ῥήτωρ ἐπειρᾶτο τὴν πόλιν σῴζειν ;

5. ἆρ' οὐ πολλοὶ ἦσαν βόες ἐν τούτοις τοῖς λειμῶσι ;

6. ἐπειρασάμεθα σῴζειν τοὺς πολίτας ὧν αἱ οἰκίαι
ἐκαίοντο.

7. ἆρα μὴ ἐκεῖσε τοὺς σοὺς παῖδας ἔπεμψας ;

8. ποῖα ἔδωκας δῶρα τούτοις τοῖς παισί ;

9. ποῖ ᾔει ἐκεῖνος ᾧ διελέγου ;

10. πότερον ἐπείρω ἄλλους σῴζειν ἢ αὐτὸς ἐκφεύγειν ;

11. πότερον τοὺς στρατιώτας νομίζεις χρησιμωτέρους
εἶναι τῇ πόλει ἢ τοὺς ναύτας ;

12. ἆρα βούλει μὴ ἐρωτήσωμεν ;

Exercise 52 [A].

1. ἠρόμην εἰ παρείης.
2. ἐδίδαξέν ἐμε ὅπως [πῶς] βίβλος ποιεῖται.
3. εἰπέ μοι τίνι ὁδῷ ἦλθες.
4. θαυμάζω εἰ τὰς πύλας ἀνεῳγμένας εὑρήσομεν.
5. οὐ δύναμαι λέγειν πότε [ὅποτε] ἀπέθανεν.
6. ἤροντο τίνι [ᾧτινι] παραδῶσι [παραδοῖεν] τὴν πόλιν.
7. οὐκ ᾔδεσαν ὅστις σφίσιν βοηθήσοι [βοηθήσει].
8. ἠρώτησα τί ταῦτα οὐκ ἐποιήθη [ποιηθείη].
9. ἠρώτησα ὅπου μάχοιντο [μάχονται].
10. εἶπόν ἐμοι ὡς εὐρὺς εἴη [ἐστιν] ὁ ποταμός.
11. ἠρόμην εἰ μηδεὶς [οὐδείς] ἤκοι [ἤκει].

Exercise 53 [B].

1. οὗτοι οἱ παῖδες ἐροῦσιν ἡμῖν ὅποι φέρει ἡ ὁδός.
2. ἐπειρώμεθα εὑρεῖν ὅπου οἱ πολέμιοι ἐστρατοπεδεύσαντο.
3. ἆρ' οἶσθα ὅστις τοῦτο εἶπεν ;
4. εἰπέ μοι πότερον οἱ πολέμιοι ἐπιθήσονται ἡμῖν ἢ οὐ [μή].
5. χαλεπὸν ἦν εὑρεῖν πόσοι εἶεν οἱ πολέμιοι.
6. ἐμάθομεν ὅπως οἱ τῶν Λακεδαιμονίων παῖδες παιδεύοιντο.
7. οὐκ ᾖσμεν πότερον οὗτοι φίλοι εἶεν ἢ ἐχθροί.
8. εἰπέ μοι τί ἀποκρίνωμαι.
9. ἐθαυμάζομεν πῶς δύναιντο σῴζεσθαι.

Ex. 53—continued.

10. πειρώμεθα εὑρεῖν εἰ μὴ [οὐ] ποταμός τίς ἐστιν ἐνθάδε.

11. οὐ ῥᾴδιόν ἐστιν εἰδέναι πότερον ἄμεινόν ἐστι μάχεσθαι ἢ ἀποφεύγειν.

Exercise 54 [A].

1. εἰπέ μοι ὅπως [πῶς] ταῦτα ἔμαθες.

2. οἱ κατάσκοποι εἶπον τῷ στρατηγῷ ὁπόσον εἴη [ἐστι] τὸ τῶν Μήδων στρατόπεδον.

3. οὗτοι εἶπον ἡμῖν οἵτινες εἶεν [εἰσιν] ἐν τῷ οἴκῳ.

4. οὐδεὶς ἐδόκει εἰδέναι ὅπου εἶμεν.

5. ἠρωτῶμεν τί ἐποίησεν.

6. ἤροντο ἡμᾶς εἰ ἐθέλοιμεν [ἐθέλομεν] σφίσι βοηθεῖν.

7. οὐ σαφῶς οἶδα πότερον τὸ στράτευμα ἀφωρμήθη ἢ ἐν τῷ στρατοπέδῳ ἔμενεν.

8. θαυμάζω [διὰ] τί οὐκέτι εὖνοί εἰσιν ἡμῖν.

9. ἐμάθομεν διὰ τί οἱ Λακεδαιμόνιοι οὕτως ἰσχυροὶ ἦσαν.

10. οὐκ οἶδα ποῖ φύγω.

Exercise 55 [B].

1. ἠρόμην αὐτὸν διὰ τί ἀπέφυγε [ἀποφύγοι] πρὸς τοὺς Πέρσας.

2. οὐ δύναμαι εἰπεῖν ὅποι ἀπελήλυθεν [οἴχεται].

3. εἰπόν μοι ὁπόση εἴη [ἐστὶν] ἡ πόλις καὶ ὁπόσοι πολῖται ἐνεῖεν [ἔνεισι].

Ex. 55—*continued.*

4. ἠρόμην ὁπόσους ἔχοι [ἔχει] τοξότας.

5. ἐρώτησον αὐτὸν πότερον ἐλπίζει τὸν μισθὸν λή-
ψεσθαι ἢ οὔ ;

6. ἐθαύμαζον ὅπως τὸν ποταμὸν τοσοῦτον ὄντα διέ-
βησαν [διαβαῖεν].

7. ἠρόμην ὡς εὐρύς εἴη [ἐστὶν] ὁ ποταμός.

8. ἐθαύμαζον ὅπως τὸ ναυτικὸν σώσωμεν [σώσαιμεν].

9. οὐκ ἤδη ὁπόσος εἴη [ἐστὶν] ὁ κίνδυνος.

10. πειρῶμαι γνῶναι ὅστις ἐστὶν ἐκεῖνος.

11. ἐπειρώμην γνῶναι ὁποῖος εἴη [ἐστι].

Exercise 56 [*A*].

τοὺς ἀγγέλους ἥκοντας ἠρώτησεν ὁ στρατηγὸς ὁποίαν
χώραν εἶδον· οἱ δὲ ἀπεκρίναντο ἀγαθὴν εἶναι τὴν
χώραν, ᾗ ὁ καρπὸς κομίζεται ἐκ τῶν δένδρων δὶς τοῦ
ἐνιαυτοῦ καὶ πολλοὺς ἐνεῖναι ποταμούς. καὶ ἐρωτη-
θέντες εἰ οἱ ἐνοικοῦντες ἠπίως ἐδέξαντο αὐτοὺς ἀπε
κρίναντο διαβῆναι μὲν τὴν χώραν οὐδὲ κακὸν παθεῖν
οὐδέν· τοὺς δὲ ἐνοίκους φωνῇ τινι βαρβάρῳ χρῆσθαι
οὐδὲ αὐτοὶ ὅτι λέγοιεν συνιέναι. καὶ ἐρομένου τοῦ
στρατηγοῦ ὁπόσος εἴη ὁ τούτου τοῦ δήμου στρατὸς οἱ
ἄγγελοι οὐκ ἔφασαν ἰδεῖν στρατιώτην οὐδένα ἐν πάσῃ
τῇ ὁδῷ.

Exercise 57 [B].

ἔπειτα οἱ πρέσβεις ἤγγειλαν τῷ βασιλεῖ διὰ τί ἥκουσιν. ἔφασαν γὰρ πολλὰς τῶν πόλεων βούλεσθαι αὐτονόμους εἶναι, καὶ ἤροντο εἰ θέλοι τοῦτο ἐᾶν. πρὸς ταῦτα ὁ βασιλεὺς ἠρώτησε πόσαι ἤδη πόλεις ἀφεστήκασιν·ἀκούσας δὲ ὀλίγας ἔτι θελούσας τῇ αὐτοῦ ἀρχῇ πείθεσθαι, σφόδρα δὴ ἀγανακτήσας ἤρετο διὰ τί οὐδεὶς ταῦτα πρότερον αὐτῷ ἤγγειλεν. ταχέως ἔφη, γνώσονται ὁπόσον ἔγωγε δύναμαι, τὰς γὰρ πόλεις αὐτῶν ἁπάσας καθελὼν τοὺς ἐνοικοῦντας δεῦρο δουλώσας ἄξω.

Exercise 58 [A].

τῆς δὲ νεὼς πρὸς τὴν γῆν προσελθούσης, πολλοὶ τῶν ἐνοίκων εἰς τὴν ἀκτὴν συνελθόντες ἤροντο τοὺς ἥρωας ὁπόθεν ἥκουσι καὶ ὅτι βούλονται. οἱ δ' ἀπεκρίναντο πρὸς τὴν Κολχίδα ἰέναι ζητοῦντες τὸν χρύσουν πόκον. ἀκούσαντες δὲ ταῦτα οἱ ἔνοικοι εὐμενῶς αὐτοὺς ἐδέξαντο, καὶ ὁ βασιλεὺς αὐτῶν κατελθὼν πρὸς τὴν ἀκτὴν μετεπέμψατο πολλούς τε βοῦς καὶ μεγάλους ἀσκοὺς οἴνου. τῇ μὲν οὖν ὑστεραίᾳ οἱ ἥρωες ἐξέπλευσαν· χειμῶνος δὲ μεγάλου ἐπιγενομένου οὐκ ἐδύναντο ὁρᾶν ὅποι ἴοιεν. τέλος δὲ νυκτὸς ἔτι οὔσης εἰς νῆσόν τινα ἐξέβησαν, οἱ δ' ἔνοικοι ἐπέθεντο αὐτοῖς νομίζοντες εἶναι λῃστάς, καὶ πολλοὶ ἀπέθανον. ἅμα δὲ τῇ ἔῳ οἱ ἥρωες ἔγνωσαν ἀποκτείναντες αὐτὸν τὸν βασιλέα ὃς αὐτοὺς οὕτω φιλίως τῇ προτεραίᾳ ἐδέξατο.

Exercise 59 [B].

ἤδη Μήδεια ἤδει τὸν πατέρα οὐκ ἐάσοντά ποτε
αὐτὴν οἴκαδε κατιέναι· οὐ γὰρ μόνον ἐξηπάτησεν αὐτὸν
ἀλλὰ καὶ τῷ ξένῳ ἀπέδειξεν ὅπως δύναιτο κλέψαι τὸν
χρύσουν πόκον. ἔφυγεν οὖν μετ᾽ Ἰάσονος εἰς τὴν τῶν
Ἑλλήνων ναῦν, μόνον τὸν ἀδελφὸν μεθ᾽ ἑαυτῆς ἄγουσα
ἔτι νέον ὄντα. ἀλλὰ τῆς νεὼς οὔπω μιᾶς ἡμέρας ὁδὸν
πλευσάσης ἄλλην ναῦν ᾔσθοντο θάσσω οὖσαν ἢ τὴν
ἑαυτῶν καὶ διώκουσαν αὐτούς· ταύτης δὲ προσερχο-
μένης ὁ μὲν Ἰάσων ἠπόρει τί ποίησῃ· ἡ δὲ Μήδεια τὸν
ἀδελφὸν αὐτὴ ἀποκτείνασα τὰ μέλη αὐτοῦ εἰς τὴν
θάλασσαν ἔρριψεν, ἐλπίζουσα οὕτως τοὺς διώκοντας
κωλύσειν [ὡς οὕτως . . . κωλύσουσα].

Exercise 60.

1. ἐδέοντο σίτου.

2. κατέγνωσαν αὐτοῦ τὴν κακίαν.

3. ᾐτιάσαντο αὐτὸν τῆς κακίας.

4. οὐκ ἔφασαν ἀκούσεσθαι αὐτοῦ ᾄδοντος

5. ἔφασαν ψόφον ἀκοῦσαι.

6. μέμνησθε τῶν ὑπὸ τῶν προγόνων πεπραγμενων.

7. ἤροντο ὁπόσα στάδια Μαραθὼν τῶν Ἀθηνῶν
ἀπέχοι.

8. ἔπαυσαν τοὺς Θηβαίους τῆς μάχης.

Ex. 60—*continued*.

9. ἀπήλλαξαν τοὺς ἱππέας τῶν ὁπλιτῶν.

10. ἐπελάθοντο τῶν ὑπὸ τοῦ πατρὸς εἰρημένων.

11. οἱ κριταὶ κατέγνωσαν τοῦ προδότου θάνατον.

12. ἆρ' οὐχ ἡμᾶς αἰτιάσονται τῆς μωρίας ;

Exercise 61.

1. ἐπελάθοντο τῆς ἀγγελίας.

2. ἆρα τὴν οἰκίαν ἀπέδου ;

3. ὑπέσχετο μὴ ἅψεσθαι τοῦ ἀργυρίου.

4. ἐλπίζω αὐτὸς τοῦ ἔργου ἄρξεσθαι τῇ τετάρτῃ
   ἡμέρᾳ.

5. χάριν ἔχω σοι τῆς βοηθείας.

6. οὐκ ἔφασαν αὐτοὶ τοῦ ἔργου μεθέξειν.

7. ἤροντο εἰ αὐτῶν μέμνημαι.

8. ἆρ' οὐκ ἦσθου αὐτῶν ἐθελόντων αὐτοῦ κατακρίνειν ;

9. Νικίας ᾐτιάθη ὑπὸ Κλέωνος τῆς κακίας.

10. μετάδος μοι τοῦ ἀργυρίου.

11. ζηλοῦμέν σε τῆς σχολῆς.

12. ἐπαύσαντο τῆς μάχης.

13. ἐπρίαντο οἰκίαν τινὰ ἐν ταῖς Ἀθήναις μυρίων καὶ
    δισχιλίων δραχμῶν.

14. ἆρ' οὐ μετείχομεν τοῦ σοῦ κινδύνου ;

15. ἐθαύμαζον αὐτὸν τῆς ἀνδρείας.

16. ᾤκτιρά σε τῆς μωρίας.

Exercise 62 [*A*].

1. ἤδη βοηθήσομεν τοῖς συμμάχοις.
2. συμφέρει ὑμῖν πείθεσθαι τῷ βασιλεῖ.
3. οἶδα πολλὰς ναῦς οὔσας τοῖς ᾿Αθηναίοις.
4. ἔξεστι μὲν ἡμῖν ἐπιθέσθαι τοῖς πολεμίοις, φρονιμώ·
   τερον δ᾿ ἐστὶ μένειν.
5. ἔδοξε τοῖς στρατηγοῖς προπέμπειν τοὺς ἱππέας.
6. εἴδομεν πολλοὺς μὲν ἱππέας τοῖς Πέρσαις ὄντας
   ὀλίγους δὲ πεζούς.
7. ἆρ᾿ ἐθέλεις πείθεσθαι τοῖς τὴν ἡμετέραν πόλιν βίᾳ
   ἑλοῦσι ;
8. ἀνδρείως ἐμάχοντο τοῖς πολεμίοις.
9. νεὼς ἦν ᾿Απόλλωνι ἐν νήσῳ Δήλῳ ὀνόματι.
10. ἐπιθησόμεθα τοῖς πολεμίοις τοῖς ἡμῖν ἑπομένοις.

Exercise 63 [*B*].

1. οὐδὲν μὲν ἦν ἀργύριον τῷ Σωκράτει πολλὴ δε
   σοφία.
2. εἰπέ μοι ὁπόσοι ἡμῖν ἕπονται.
3. οἱ ᾿Αθηναῖοι ὑπέσχοντο τοῖς Πλαταιεῦσι βοηθήσειν
   ἀλλὰ τῶν ὑπεσχημένων ἐπελάθοντο.
4. τοῖς πολλοῖς ἐδόκει μάχεσθαι εὐθύς.
5. συμφέρει ἡμῖν χρῆσθαι τῇ τῶν Λακεδαιμονίων
   βοηθείᾳ.
6. Σπαρτιάτης ἐστί τῷ γένει [τὸ γένος].

Ex. 63—*continued.*

7. οὐ πειράσομαι αὐτὸν ἀποκτεῖναι τῷ ξίφει.

8. ἆρ' ἡμῖν ἔξεστι τῆς σῆς εὐτυχίας μετέχειν ;

9. οὐκ ἐπείθοντο τῷ στρατηγῷ πολλάκις κελεύοντι.

10. τοῖς αὐτοῖς πολεμίοις ἀνδρείως ἐμάχοντο τὸ πρὶν καὶ νομίζω αὐτοὺς τὸ δεύτερον μαχεῖσθαι.

Exercise 64 [*A*].

1. ἤδη αὐτοῖς πολλὰ χρήματα ὄντα.

2. Ἀθηναῖος μὲν ἦν τὸ γένος, ᾤκει δὲ ἐν ταῖς Πλαταιαῖς.

3. τίνι ἐκεῖ ἐνέτυχες ;

4. ἆρ' οὐ νῆές εἰσι τοῖς Μήδοις πλείους ἢ τοῖς Ἀθηναίοις ;

5. ἔκρυψα αὐτοὺς τὸν χρυσόν.

6. πολλὰς ἡμέρας οὐκ ἐδύναντο χρῆσθαι τῷ ὕδατι.

7. πέπεισμαι τοῦτον τὸν ποταμὸν πεντήκοντα πόδας ἔχειν τὸ εὖρος.

8. οὐδὲν ἀμείνων ἐστὶ τοῦ πατρός.

9. τὴν μουσικὴν ἐδιδάσκετο ὑπ' Ἀθηναίου τινός.

10. εἱπόμεθα τῷ ἡγεμόνι τῷ ὡς ἡμᾶς πεμφθέντι.

11. τοὺς μὲν φίλους ἤθελον εὖ ποιεῖν τοὺς δὲ ἐχθροὺς ἐπειρῶντο κακὰ δρᾶν.

12. διὰ τί οὐ τοὺς ἄρχοντας ἀργύριον ᾔτησας ;

Exercise 65 [B].

1. οἱ ἡμῖν μαχόμενοί εἰσιν ἀνδρεῖοι.
2. βοηθήσατε ταχέως τοῖς συμμάχοις.
3. μὴ κακῶς λέγε τοὺς ἄρχοντας.
4. Λακεδαιμόνιός τις Λύσανδρος ὀνόματι εἷλε τὰς Ἀθήνας.
5. θαυμάζομεν τοὺς εὖ λέγοντας ἡμᾶς.
6. τἄλλα κακῶς [κακὰ] ἐποίουν ἡμᾶς.
7. ἥδετο τοῖς δώροις οἷς αὐτῷ ἔδωκα.
8. ἆρ' ἐχρήσω τοῖς χρήμασιν οἷς ἐδέξω ;
9. ἐνετύχομεν αὐτῷ πρὸς τῇ πόλει.
10. πολλὰ στάδια πορευθέντες σφόδρα ἤλγουν τοὺς πόδας.
11. πολλάκις τὸν βασιλέα μισθὸν ᾐτοῦμεν.
12. οὐκ ἤθελον οὐδὲν ἡμᾶς εὖ ποιεῖν.

Exercise 66.

1. ἆρ' οὐ βοηθήσετε τοῖς Ἕλλησιν ;
2. νομίζω συμφέρειν ἡμῖν πείθεσθαι τοῖς νόμοις.
3. οὐδεὶς λιμήν ἐστι ταῖς Μυκήναις.
4. ἐρωτῶ σε εἰ ἔξεστιν ἡμῖν περιγίγνεσθαι τῶν Μήδων.
5. πολλὰ ἀγαθὰ πάλαι ποιήσας τὸν βασιλέα οὐ νῦν ἐπιθήσομαι αὐτῷ.
6. ἆρ' ἐπιλέλησαι τοῦ ὀνόματος αὐτοῦ ;

Ex. 66—*continued.*

7. διὰ τί νομίζεις ῥᾴδιον ἔσεσθαι κρατεῖν ταύτης τῆς χώρας ;

8. ἀπέθανεν ὑπ' ἀνδρός τινος, Ἅρπαγος μὲν ὀνόματι τὸ δὲ γένος Θρᾳκός.

9. οὐκ ἔφη χρήματα αὐτῷ οὐδένα εἶναι.

10. ᾐσθόμεθα τρεῖς ἄνδρας ἡμῖν πρὸς τὴν πόλιν ἑπομένους.

11. αὐτοῖς μὲν οὐδεὶς οἶκος ἦν, τῷ δὲ ἐμῷ ἐχρῶντο.

12. ἐβουλόμην γνῶναι πότερον οἱ Ἀθηναῖοι ἢ οἱ Θηβαῖοι κρατοῦσι [κρατοῖεν] τῶν Πλαταιῶν.

13. πρέπει δούλῳ γε ὀλίγοις χρῆσθαι λόγοις.

14. τῇ ὑστεραίᾳ εἰπέ μοι ὅτι ἤδη τῶν ἐμῶν λόγων ἐπιλέλησται.

15. οὔ φησιν ἀποδώσεσθαι τοῦτο ἑκατὸν καὶ πεντήκοντα δραχμῶν.

16. οἶδα οὐδὲν αὐτοῦ διαφέρων.

Exercise 67 [A].

1. πείθεσθε, ὦ τέκνα, τοῖς γονεῦσι.

2. ταῦτα τὰ δῶρα ὁ δοῦλος ἐνεγκάτω πρὸς τὸν βασιλέα.

3. εἴθε τὸ στράτευμα ἀεὶ ἐν τῷ πολέμῳ νικῴη.

4. μὴ νομιζόντων ἡμᾶς φοβεῖσθαι.

5. ὦ παῖ, εὐτυχέστερος εἴης τοῦ πατρός.

6. πυνθανώμεθα ὅτι πράσσουσιν οἱ ἄλλοι.

7. μὴ μαθοῖεν ἡμᾶς ἐξαπατήσαντας αὐτούς.

Ex. 67—continued.

8. μὴ κρύψῃς τοῦτο τὸ ἀργύριον ἀλλὰ δὸς τοῖς πένησι.

9. μὴ πείθεσθε, ὦ πολῖται, τυράννῳ.

10. ἐπιθώμεθα ͗τοῖς πολεμίοις ἀνδρείως.

Exercise 68 [B].

1. ἀπολυσώμεθα τοὺς ὑπὸ τῶν λῃστῶν ἁλόντας.

2. μὴ εἰδείη μηδέποτε τὸν πατέρα δοῦλόν ποτε ὄντα.

3. μὴ πειράσθω τὸν στρατηγὸν ἐξαπατᾶν.

4. ὄλοιο ἀθλίως, ὦ αἴσχιστε.

5. μὴ νομίζετε τὴν ἀνδρείαν πᾶσιν εἶναι ῥᾳδίαν.

6. εἰ γὰρ ἀεὶ τὸ ἀληθὲς λέγοι.

7. ἀποδότω τὸ ἀργύριον ὃ ἔκλεψε.

8. μάχεσθε ἀνδρείως, ὦ ἄνδρες, μηδὲ τούτους τοὺς πολεμίους φοβηθῆτε.

9. εἴθε φέροιο ἆθλα πολλὰ καὶ καλὰ ἐν τοῖς ἀγῶσι.

10. μὴ πειρᾶσθε πείθειν τοὺς οὕτω μωροὺς ὄντας.

Exercise 69 [A].

1. οὔπω ἑώρακά ποτε στράτευμα δυνατώτερον.

2. ὦ υἱέ, μὴ γένοιό ποτε προδότης.

3. οὐδεὶς δεῦρο εἴσιν οὐκέτι ἡμῶν γε μενόντων.

4. μὴ ἐλπιζόντων μηκέτι μηδένα πείσειν.

5. πείθου τοῖς γονεῦσι, μηδὲ νόμιζε σοφώτερος εἶναι αὐτῶν.

Ex. 69—*continued.*

6. οὐχ ἑώρακα οὔτε καρποὺς οὔτε ἄνθη ἐν ταύτῃ τῇ νήσῳ.

7. μὴ φοβηθῇς μηδὲ νομίσῃς τοῦτον τὸν χειμῶνα ἀπολεῖν τὰς ναῦς.

8. εἴθε μὴ γενοίμεθά ποτε χείρους τῶν πάλαι ἡρώων.

9. μηδεὶς τῶν Ἑλλήνων νομιζέτω ποτὲ θεοὺς οὐδένας εἶναι.

10. ἆρ᾽ οὐκ ἀκήκοας διὰ τί ὁ κριτὴς αὐτῶν κατέγνω ;

11. ὦ φίλοι, ἀνδρεῖοι ἔστε μηδὲ ἀθυμεῖτέ ποτε.

Exercise 70 [*B*].

1. μηδεὶς πειράσθω ποτὲ πείθειν ἐμέ.

2. ὦ φίλοι, μὴ πειρᾶσθε μηκέτι πλούσιοι γίγνεσθαι.

3. μὴ ἐπιθυμῶμεν μήτε τοῦ πλούτου μήτε τῆς δόξης.

4. οἱ ναῦται οὔπω ἐξέβησαν ἐκ τῶν νεῶν.

5. μὴ βούλοιό ποτε λείπειν τοὺς φίλους.

6. οὗτοι οἱ προδόται μηκέτι τιμάσθων ὑπὸ τῶν ἀρχόντων.

7. εἴθε αὖθις ὁρῴην τὴν πατρίδα.

8. οὐδεὶς οὔπω καρποὺς εὗρεν ἐν ταύτῃ τῇ νήσῳ.

9. μὴ ἐλπίζετε πείσειν μηδένα τούτων τῶν βαρβάρων.

10. ὦ πολῖται, φυλάσσετε τὰ τείχη μηδὲ παραδῶτε τὴν πόλιν τοῖς πολεμίοις.

11. μηδεὶς ἀποκρινέσθω μηδὲν τούτῳ γε τῷ κριτῇ.

Exercise 71 [*A*].

1. ὁ Νικίας ἀεὶ παρῄνει στρατηγῷ εἰς τὸν πόλεμον ἀπιόντι μὴ τῶν πολεμίων ὀλιγωρεῖν.

2. πρῶτον μὲν ὁ στρατηγὸς παρεκέλευσατο τοῖς ἑαυτοῦ μεμνῆσθαι τῶν ὑπὸ τῶν πατέρων καλῶς πεπραγμένων, ἔπειτα δὲ ἐκέλευσεν αὐτοὺς τοῖς πολεμίοις ἐπιέναι.

3. οὐδέν με πείσει ἀφεῖναι αὐτόν.

4. ταύτῃ τῇ ἀγγελίᾳ ὁ Φίλιππος ἔπεισε τοὺς Ἀθηναίους σπονδὰς ποιεῖσθαι.

5. νουθετῶμεν τὸν Φίλιππον μὴ εἰς τὴν Ὀλυνθιακὴν εἰσιέναι.

6. ὁ Θεμιστοκλῆς ἔπειθε τοὺς Ἕλληνας μὴ τὴν γέφυραν διαλῦσαι.

7. οὐκ ἐῶ σε τούτῳ τῷ ἀργυρίῳ χρῆσθαι.

8. οἱ τῶν Σαμίων πρέσβεις παρῃτοῦντο τοὺς Ἀθηναίους τῆς χώρας αὐτῶν φείδεσθαι.

9. παραιτοῦμαι ὑμᾶς μὴ τῶν ἀναιτίων κατακρίνειν.

10. παρῄνεσα ὑμῖν οὕτως ὀλίγοις οὖσι μὴ τοῖς πολεμίοις ἀνθίστασθαι.

Exercise 72 [*B*].

1. ὁ στρατηγὸς ἐκέλευσε τοὺς ἑαυτοῦ μηκέτι μένειν ἀλλ' ἀνδρείως ἐπιέναι τοῖς ἐναντίοις.

2. οὐδεὶς οἷός τε ἦν πεῖσαι τούτους τοὺς νεανίας μὴ πορεύεσθαι πρὸς τὴν βάρβαρον.

Ex. 72—*continued.*

3. παραινέσω πᾶσι τοῖς φίλοις οἴκαδε ἀπελθεῖν.

4. ὁ στρατηγὸς σχολῇ ἔπεισε τοὺς στρατιώτας μὴ λῦσαι τὰς σπονδάς.

5. αἱ ἄλλαι πόλεις ἐπειρῶντο πείθειν τοὺς Θηβαίους μὴ σπονδὰς ποιεῖσθαι πρὸς τοὺς Μήδους.

6. οἱ ἐν τέλει ἐκέλευσαν τὸν στρατηγὸν παῦσαι τὸν πόλεμον.

7. κέλευσον τοὺς ἄνδρας ἀπελθεῖν πρὸς τὰς ναῦς μηδὲ διατρίβειν μηκέτι ἐν [τῷ] ἄστει.

8. οὐχ οἷός τε ἦν πείθειν αὐτοὺς μὴ χρῆσθαι ταύταις ταῖς βίβλοις.

9. μάτην ἐπειρώμεθα πείθειν τοὺς ἐν τέλει φείδεσθαι τῶν αἰχμαλώτων.

10. οὐκ ἴσμεν διὰ τί οὐκ εἴασαν ἡμᾶς οἴκαδε ἀπιέναι.

Exercise 73 [*A*].

1. οὐκ ἔφη πείσεσθαι στρατηγῷ ὃς κακὰ ποιοίη τοὺς στρατιώτας.

2. ἐκέλευσεν αὐτοὺς ἄγειν τοὺς αἰχμαλώτους οὓς συνειλήφασι.

3. ἔφη ἡγήσεσθαι ἡμῖν πρὸς πόλιν τινὰ ᾗ δυναίμεθα ἔχειν τὰ ἐπιτήδεια.

4. ὁ νεανίας εἶπεν ὅτι οὐ φιλοίη [φιλεῖ] τοὺς σοφιστὰς οἳ ἐπιδεικνύοιντο [-νυνται] τὴν σοφίαν.

5. ἤρετο εἰ ἀπεδεξάμεθα τὰ χρήματα ἃ ἔπεμψε.

6. κελεύσω αὐτὸν ἀναγιγνώσκειν τὴν ἐπιστολὴν ἣν σὺ ἔγραψας.

Ex. 73—*continued*.

7. ὁ κριτὴς ἠπείλησε καταγνώσεσθαι τῶν δεσμωτῶν
ὧν κρίνοι [κρίνει].

8. οἱ στρατηγοὶ ὑπέσχοντο συγγνώσεσθαι τοῖς αἰχ-
μαλώτοις οἷς εἰλήφασι.

9. πῶς οὐκ ᾔδησθα ἡμᾶς μενοῦντας ὅπου εἶμεν ;

10. κεκέλευσται ἀπαγγεῖλαι ὅτι ἐγένετο [τὰ γενόμενα].

Exercise 74 [B].

1. θαυμάζω εἰ μὴ ἀναγιγνώσκει τὰς ἡμισείας τῶν
βίβλων ἃς ἔχει.

2. ἐκελεύσθησαν κομίζειν εἰς τὸ στρατόπεδον τὰ ἐπι-
τήδεια ἃ εὗρον.

3. οὐκ ἔφασαν συγγνώσεσθαι τοῖς ἀνδράσι οἳ τὴν
πόλιν προὔδοσαν [*or*, τοῖς τὴν πόλιν προδοῦσι].

4. πέπεικα αὐτοὺς τοῖς δεσμώταις συγγνῶναι οὓς
ἐνόμιζον ἀναιτίους εἶναι.

5. ἆρα νομίζεις αὐτοὺς κατακρινεῖν τὸν θάνατον τοῦ
νεανίου ὃν συνέλαβον ;

6. ἠρόμην αὐτοὺς ὅπου ἔκρυψαν τὸ ἀργύριον ὃ εὗρον.

7. οὐκ ἔφη καταμενεῖν ἐν τῇ πόλει ᾗ οἱ ἐχθροὶ αὐτὸν
δύναιντο [δύνανται] εὑρεῖν.

8. οἶδα τὸν Ἀριστείδην ὄντα ὃν νομίζετε δικαιότατον
εἶναι τῶν Ἀθηναίων.

9. ᾖσμεν εἰς νῆσον ἀφιξόμενοι ᾗ πολλοί εἰσι [*or* εἶεν]
καὶ ποταμοὶ καὶ ὄρη.

10. οὐ νομίζω αὐτοὺς τοῖς πολίταις συγγνώσεσθαι οὓς
πιστεύουσι τὴν πόλιν προδοῦναι.

Exercise 75 [A].

ὁ δὲ Ἐργῖνος βασιλεὺς ὢν τῶν Μινυῶν πόλεμον
ἐπέφερε τοῖς Θηβαίοις καὶ πολλούς τινας αὐτῶν
ἀπέκτεινεν. κελεύσας δὲ καὶ ἑκατὸν βοῦς ἑαυτῷ ὅσα
ἔτη πορίζειν ἀγγέλους ἔπεμψε ληψομένους αὐτάς.
τούτους δὲ ὁ Ἡρακλῆς ἰδὼν ἤρετο τίνες πότ' εἰσὶ καὶ
ὅποι πορεύονται. καὶ ἀκούσας ὑπὸ τῶν Μινυῶν
πεμφθέντας ἐκέλευσεν ἀπιέναι πρὸς τὴν πόλιν ἐξ ἧς
ἐπέμφθησαν μηδὲ ὕστερον ἐλθεῖν. ἐκείνων δὲ οὐ πει-
θομένων τά τε ὦτα καὶ τὰς ῥῖνας ἀποταμὼν ἐκέλευσε
ταῦτα ἀποδοῦναι τῷ βασιλεῖ ἀντὶ τοῦ φόρου. ἔπειτα
δὴ οἱ μὲν ἄγγελοι ἀπελθόντες ᾔτησαν τὸν βασιλέα
ἑαυτοῖς τιμωρῆσαι· ὁ δὲ Ἐργῖνος ὤμοσεν τοὺς μὲν
Θηβαίους ἀπολεῖν τὴν δὲ πόλιν αὐτῶν κατ' ἄκρας
καθαιρήσειν.

Exercise 76 [B].

Ἀλκμαίων ὑπὸ τοῦ θεοῦ κελευσθεὶς ἐκ τῆς πατρίδος
ἀπιέναι, ἀφωρμήθη οὐκ εἰδὼς ὅποι πορεύεται. ἐν
μέντοι Δελφοῖς ἡ Πυθία εἶπεν αὐτῷ μὴ ἀθυμεῖν ὅτι
εἰς ἄλλην χώραν πεμφθείη ἀλλὰ πρὸς τὸν Ἀχελῷον
ἐλθόντι αἰτῆσαι τὸν τοῦ ποταμοῦ θεὸν ἑαυτῷ βοηθεῖν.
ἐλθόντα οὖν πρὸς τὸν ποταμὸν ᾔρετο ὁ Ἀχελῷος ὅτι
βούλεται· ὁ δὲ ἀπεκρίνατο οὐ μὲν ἐᾶσθαι ὑπὸ τῶν
θεῶν, οἳ αὐτὸν κολάζειν ἐθέλουσιν, ἐν τῇ ἑαυτοῦ πατρίδι

Ex. 76—*continued.*

καταμένειν τὰς δὲ ἄλλας χώρας πρὸς ἃς ἔρχεται οὐκ
ἐθέλειν αὐτὸν δέγεσθαι. ἔπειτα δὲ ὁ Ἀχελῶος ἐκέ-
λευσε τὸν ποταμὸν ψάμμον τε καὶ γῆν ἐκ τῶν ὀρῶν
καταφέροντα οὕτω νέαν τινὰ χώραν ποιεῖν, ἐν ᾗ ἐπέ-
τρεψεν Ἀλκμαίωνι ἐνοικεῖν.

Exercise 77 [*A*].

ἐν μέσῃ δὲ τῇ ἑορτῇ ὁ Φινεὺς εἰσῆλθεν εἰς τὴν αὐλὴν
μέγαν ὄχλον τῶν δούλων ἄγων, καὶ ἔφη ἀποκτενεῖν
τόν τε Περσέα καὶ πάντας τοὺς βοηθοῦντας αὐτῷ· τὸν
γὰρ Περσέα κλέψαι τὴν Ἀνδρομέδην ἣν ὁ βασιλεὺς
ὑπέσχετο ἑαυτῷ ἐκδώσειν. τότε δὴ ἐμάχοντο ἐν τῇ
αὐλῇ καὶ Περσεὺς πολλοὺς τῶν ἐναντίων ἀπέκτεινεν·
ἀλλ' οὐκ ἐξ ἴσου ἐμάχοντο εἴκοσιν ἑνί. τέλος οὖν ὁ
Περσεὺς τὴν τῆς Γοργοῦς κεφαλὴν ἐκκαλύψας ἀπέ-
δειξε τοῖς ἀμφὶ τὸν Φινέα, καὶ πάντες εὐθὺς λίθινοι
ἐγένοντο.

Exercise 78 [*B*].

μετὰ δὲ ταῦτα οἱ Τρῶες ἅμ' ἡλίῳ καταδύντι ἦλθον
εἰς τὴν τῶν Κυκλώπων χώραν· ἐκεῖ δὲ ἐνέτυχον
Ἕλληνί τινι ὑπὸ τοῦ Ὀδυσσέως καταλειφθέντι καὶ
ὁ Αἰνείας ἐκέλευσεν αὐτὸν εἰπεῖν ὅστις ἐστὶ καὶ ὅτι
πέπονθεν· ὁ δὲ ἀπεκρίνατο ναύτης τις εἶναι τῶν μετὰ

Ex. 78—*continued.*

τὸν πόλεμον ἐκ Τροίας οἴκαδε κατιόντων καὶ σωθέντων
τῶν ἑταίρων μόνος αὐτὸς ἐν τῷ τοῦ Κύκλωπος σπηλαίῳ
καταλειφθῆναι· παρῃτεῖτο τοίνυν Αἰνείαν μὴ αὐτὸν ἐν
τῇ νήσῳ καταλείπειν, ὅπου κινδυνεύοι ἀποθανεῖν ἢ
λιμῷ ἀπολέσθαι. καὶ τούτου ἔτι λέγοντος οἱ Τρῶες
εἶδον τὸν ποιμένα Πολύφημον πρὸς τὴν ἀκτὴν κατερχό-
μενον καὶ λαβόντες τὸν ἱκέτην καὶ ταχέως εἰς τὴν ναῦν
ἐμβάντες ἀπέπλευσαν.

Exercise 79 [A].

1. κατέστησαν τὸν Κλέωνα στρατηγὸν ὅτι οἱ πρὶν
   καταστάντες οὐκ ἐδύναντο τὴν νῆσον ἑλεῖν.
2. ᾐτιάσαντο τὸν Μιλτιάδην ὅτι δῶρα λάβοι [or
   ἔλαβεν].
3. οἱ σύμμαχοι ἀπέστησαν διότι οὐκ ἤθελον φέρειν
   τὸν φόρον.
4. τὰ ὅπλα ἔρριψαν ὅτι οὐκέτι ἐδύναντο τοῖς πολεμίοις
   ἀνθίστασθαι.
5. ἀπέστησε ταύτας τὰς νήσους ἀπὸ τῶν Περσῶν ὅτι
   αὐτὰς κακὰ ἔδρασαν.
6. τὸ ἐπ᾽ ἐμὲ πιστεύω αὐτὸν ὀργισθῆναι ὅτι οὐ στρα-
   τηγὸς καθίσταται.
7. ὠργίσθησαν τῷ Θεμιστοκλεῖ ὅτι αὐτοὺς πείσειε
   τὴν πόλιν ἀπολιπεῖν.
8. ὑπὸ πάντων ἐτιμῶντο διότι καὶ δημοσίᾳ καὶ ἰδίᾳ
   τὸ κοινὸν ὠφελοῖεν [or ὠφέλουν] κατὰ δύναμιν.

Ex. 79—continued.

9. ἡ νῆσος κατεστράφη ὅτι ἀπὸ τῶν Ἀθηναίων
   ἀπέστη.

10. ᾐτιῶντο τὸν στρατηγὸν ὅτι οὐ κελεύοι τιμωρεῖσθαι
   τὰ φῦλα τὰ ἀποστάντα.

Exercise 80 [B].

1. οἱ Μιλήσιοι ἀπέστησαν ὅτι ὑπὸ τῶν Περσῶν ἐπιέ-
   ζοντο.

2. οἱ Μιλήσιοι ἀπέστησαν ὅτι ὑπὸ τῶν Περσῶν πιέ-
   ζοιντο [or πιέζονται].

3. οὐ δεινὰ πάσχουσι διότι ἐν ταῖς τάξεσι καταμέ-
   νουσι.

4. στρατηγὸς κατέστη ὅτι ἐν τῷ πρὶν πολέμῳ ἔσωσε
   τὸ στράτευμα.

5. οἱ Μιλήσιοι ἀντέστησαν ἀνδρείως διότι ᾔδεσαν
   τοὺς Μήδους οὐχ αὐτῶν φεισομένους νικηθέντων.

6. λοιμός τις ἐγένετο ἐν τῷ τῶν Ἑλλήνων στρατῷ
   διότι οἱ θεοὶ δι' ὀργῆς εἶχον αὐτούς.

7. ἐπεὶ πολὺν χρόνον οὐκ ἀπεκρίνοντο, ἐπεῖχον.

8. οὐ δεῖ ὀνειδίζειν αὐτῷ ὅτι δυστυχής ἐστι.

9. ἐπεὶ τὸ προσῆκον ἔπραξεν οὐ δεῖ ὀνειδίζειν αὐτῷ.

10. Ὅμηρος ἐπῄνεσεν Ἀγαμέμνονα ὅτι ἀγαθὸς εἴη
   βασιλεύς.

Exercise 81 [A].

1. εἴθ' ἀεὶ διατελοῖμεν πιστοὶ τῷ βασιλεῖ ὄντες.
2. εἰ γὰρ οἱ Ἕλληνες καὶ οἱ Μῆδοι εὐθὺς τοῦ πολέμου παύσαιντο καὶ ἡ εἰρήνη πολὺν χρόνον διατελοίη.
3. μὴ νῦν τὸν πλοῦν παύσωμεν ἀλλὰ πρὸς τὴν νῆσον πλέωμεν.
4. ὁ δεσπότης ἐκέλευσε τὸν δοῦλον ξίφος δοῦναι ἑαυτῷ.
5. μὴ αὐτοῦ μένωμεν ἀλλ' εὐθὺς ἀπίωμεν.
6. μὴ ἴδοι ποτὲ αὖθις τὴν πατρίδα.
7. εἴθε μὴ γένοιτό ποτε οὗτος ὁ λοιμὸς ἐν τῇ ἡμετέρᾳ πόλει.
8. ἀποκτείνωμεν τοὺς δούλους τοὺς τὸν δεσπότην προδόντας.
9. εἴθ' ὁ πόλεμος παυθείη καὶ οἱ στρατιῶται οἴκοι καταμένοιεν.
10. πειράσθων ἀνδρειότεροι εἶναι τῶν πάλαι.

Exercise 82 [B].

1. λύσωμεν τοὺς ἵππους καὶ εὐθὺς ἀφορμηθῶμεν.
2. ὁ Κῦρος ἐκέλευσε τοὺς στρατιώτας ἐν τῷ στρατοπέδῳ καταμένειν.
3. πάντες ἤθελον ὑπὲρ τῆς πατρίδος ἀποθανεῖν.
4. ἐνομίζομεν μὲν αὐτὸν ἀποθνῄσκειν· ἐξαίφνης δὲ ἀνέστη.

Ex. 82—*continued.*

5. μὴ γνοῖέν ποτε αὐτὸν ἀποθανόντα δοῦλον.

6. ἀεὶ διδῶμεν ἀργύριον τοῖς πένησι.

7. εἴθ' οἱ ἡμέτεροι στρατιῶται τοὺς πολεμίους νική-
σειαν ἐν ταύτῃ τῇ μάχῃ.

8. εἰπὲ τοῖς σοῖς δούλοις ταῦτα τὰ καλὰ δῶρα δοῦναι
τῷ παιδί.

9. ἐδόκουν μὲν τὸ ἀληθὲς λέγειν· ἐγὼ δὲ ἐνόμιζον
αὐτοὺς ψεύσασθαι τὸ πρίν.

10. μὴ νῦν ἐκ τοῦ οἴκου ἀπέλθητε μηδ' ἀεὶ βούλεσθε
ὑπὸ τοῦ δήμου ὁρᾶσθαι.

Exercise 83 [*A*].

1. ἀγγέλους ἔπεμψα ὡς ταῦτ' ἀγγελοῦντας.

2. δεῖ παντὶ τρόπῳ χρῆσθαι ἵνα Βρασίδαν ἐξαπα-
τήσῃς.

3. κάλεσον Βρασίδαν εἰς τὴν βουλὴν ἵνα αὐτῷ συμ-
βουλευώμεθα.

4. ἐλπίζω τὸν Δημοσθένη παρέσεσθαι ἵνα ὑπὲρ ἐμοῦ
λέγῃ.

5. ἔσπευσα ἵνα παρείην.

6. οἱ νικήσαντες ἐπανῆλθον ὡς τρόπαιον στησόμενοι.

7. ᾐτιασάμεθα αὐτὸν ἵνα μὴ αὐτῷ ἐξείη ἐκ τῆς πόλεως
ἀπιέναι.

8. τριακόσιοι κατελείφθησαν οἵτινες τοὺς θανόντας
θάψουσι.

Ex. 83—*continued.*

9. ἄλλῃ ὁδῷ οἴκαδε ἄπιμεν ἵνα τὰ ἐπιτήδεια ἡμῖν
ὑπάρχῃ πορευομένοις.

10. δεῖ μεῖζον τὸ στρατόπεδον ποιεῖν ὡς πάντας τοὺς
συμμάχους δεξόμενον.

Exercise 84 [B].

1. ὅπως μὴ ἐξαπατηθῇς, τήρει τὸν Βρασίδαν ἐπιμελῶς.

2. ἐκεῖνος ὁ ποιητὴς ἐποίει ἵνα ἆθλα φέροιτο.

3. πέμψον δούλους ὡς ταῦτ᾽ αὐτῷ ἀγγελοῦντας.

4. τὸν ἰατρὸν μετεπέμψαντο ὅστις αὐτὸν θεραπεύσει.

5. Θεμιστοκλῆς πρέσβεις ἔπεμψεν οἵτινες τοὺς Λακε-
δαιμονίους ἐξαπατήσουσι.

6. πάντα ταῦτα πράσσει ἵνα φαίνηται σοφὸς ὤν.

7. κατασκόπους πανταχόσε πέμπωμεν ὡς πευσομένους
ὅτι γίγνεται.

8. ἀγγέλους ἐπέμψαμεν πευσομένους ὅτι ἐγένετο.

9. τὰς ναῦς κατέκαυσεν ἵνα μὴ ὁ Κῦρος τὸν ποταμὸν
διαβαίη.

10. Σπαρτιάτην τινὰ πέμψον ὅστις τοῦ στρατοῦ στρα-
τηγήσει.

Exercise 85 [A].

1. ὁ στρατηγὸς ἀγγέλους ἐξέπεμψεν εὑρήσοντας ὅπου
οἱ πολέμιοι ἐστρατοπεδεύσαντο.

2. δεῖ ἡμᾶς ταχέως προχωρεῖν ἵνα μηδεὶς ἡμᾶς ἴδῃ.

Ex. 85—_continued._

3. ἥκομεν εἰρήνην ποιησόμενοι.

4. ὁ Βρασίδας πρὸς τὴν Θρᾴκην ἦλθε μαχούμενος τοῖς Ἀθηναίοις.

5. ἵνα μή λύοιεν τὰς σπονδὰς οἱ Ἕλληνες πᾶσαν τὴν ἡμέραν ἔμενον ἐν τῷ στρατοπέδῳ.

6. ταῦτα εἶπον οὐχ ἡμᾶς ἐξαπατήσοντες ἀλλὰ πεισοντες τοὺς ἐν τέλει.

7. στρατιῶταί τινες ἐπέμφθησαν ὑπὸ τοῦ στρατηγοῦ τούς τε νεκροὺς θάψοντες καὶ τρόπαιον στησόμενοι.

8. ψευδῶς ἡμᾶς ᾐτιάσαντο ἵνα τὰ ἡμέτερα χρήματα κτήσαιντο.

9. οἱ Λακεδαιμόνιοι καθεῖλον τὰ τῶν Ἀθηνῶν τείχη ἵνα οἱ Ἀθηναῖοι μηδέποτε δυνατοὶ εἶεν τοῦ λοιποῦ.

10. αὗται αἱ νῆες ἥκουσιν οἶνόν τε καὶ σῖτον Ἀθήναζε κομιοῦσαι.

Exercise 86 [B].

1. πολλοὶ πρὸς Δελφοὺς ἦσαν χρησόμενοι τῷ θεῷ.

2. ἆρ' οὐ τούτους ἔπεμψας γνωσομένους ὅτι ποιοῖμεν;

3. τάφρον τε καὶ τεῖχος ἐποίησαν ὡς φυλάξοντες τὴν πόλιν.

4. μετεπεμψάμεθα τὸν ἰατρὸν ἵνα μὴ αὐτοὶ δοκοῖμεν αὐτὸν ἀπεκτονέναι.

5. ὅπως μὴ δέχοιτο τὰ δῶρα ἀπῆλθεν οἴκοθεν.

Ex. 86—continued.

6. ἐκρύψαμεν τὸ ἀργύριον ὡς ἐξαπατήσοντες τὸν κριτήν.

7. ἀγγέλους πανταχόσε ἐξέπεμψαν εὑρήσοντας ὅπου εἶμεν.

8. ὁ σατράπης προσεκάλεσε τὸν Ἀλκιβιάδην ὡς μαθήσομενος ὅτι Ἀθήνῃσι γίγνεται.

9. ἀφορμησόμεθα ταῖς ναυσὶν ὅπως νέας τινὰς χώρας εὕρωμεν.

10. οὐ πολλάκις ἔρχεται πρὸς τὰς Ἀθήνας ἵνα μὴ οἱ Λακεδαιμόνιοι νομίζωσιν αὐτὸν εἶναι προδότην.

Exercise 87 [A].

1. ἐφοβούμην μὴ οἱ κριταὶ αὐτοῦ κατακρίνωσι [κατακρίνοιεν].

2. δέδοικα μὴ οὐδεὶς ἡμῖν βοηθήσῃ.

3. κίνδυνός ἐστι μὴ ἡμῖν ἀπροσδοκήτως ἐπιθῶνται.

4. ἐπείθοντο αὐτῷ φοβούμενοι μὴ δίκας διδοῖεν [διδῶσι].

5. φοβοῦμαι μὴ ὑμῖν φαίνομαι κάκιστος εἶναι.

6. φυλάσσου ὅπως μὴ τοὺς κριτὰς κακὰ ἐρεῖς.

7. συνέγραψα φοβούμενος μὴ οὐ μεμνημένος ὦ.

8. φοβοῦμαι μὴ οὐ γίγνεται σωφρονέστερος.

9. ἐδεδοίκη αὐτὸν αἰτεῖν τὸ ἀργύριον.

10. ἐφοβούμην μὴ ταὐτὰ πάλιν πάσχοιμεν.

11. ἆρ᾽ οὐ δέδοικας μή σε κακὰ δράσῃ;

Exercise 88 [B].

1. φοβοῦμαι μὴ οὐ δυνώμεθα οἴκαδε κατιέναι.
2. ἐπεμελοῦντο ὅπως μηδεὶς αὐτοὺς ἐξαπατήσει.
3. ἐφοβούμεθα νυκτὸς πορεύεσθαι.
4. φοβοῦνται μὴ ὁ στρατηγὸς τέθνηκε.
5. δεῖ ἡμᾶς φυλάττεσθαι ὅπως μὴ ὁ ῥήτωρ ἡμᾶς αἰτιάσεται.
6. ἐφοβούμεθα μὴ βούλωνται ἡμᾶς βλάπτειν.
7. δεῖ φυλάττεσθαι ὅπως μὴ ἀπροσδοκήτως οἱ πολέμιοι ἡμῖν ἐπιθήσονται.
8. ἆρ' οὐκ ἐφοβοῦ μὴ πᾶν τὸ ἀργύριον ἀπολέσειας ;
9. σφόδρα φοβοῦμαι μὴ τοῦτο ἀληθές ἐστι.
10. Περσεὺς ἐφοβεῖτο μὴ οἱ ἑαυτοῦ φίλοι τὴν τῆς Γοργοῦς κεφαλὴν ἴδωσι.
11. μὴ φοβεῖσθε ἀγαθὰ δρᾶν τοὺς ξένους.

Exercise 89 [A].

1. οἱ Λακεδαιμόνιοι οὕτω πένητες ἦσαν ὥστε ἀεὶ ἐθέλειν [ἤθελον] τὰ χρήματα δέχεσθαι.
2. ὁ πόλεμος ἐπαύσατο· ὥστε πάντες οἱ στρατιῶται οἴκαδε ἀπῆλθον.
3. τοῦτο ποιήσω ἐφ' ᾧτέ σε μηδένι λέγειν.
4. φρονιμώτερος ἦν ἢ ὥστε κακὰ λέγειν τὸν κριτήν.
5. ἐξέφυγον ἐκ τῆς οἰκίας ὥστε μὴ καίεσθαι.
6. οὕτω ῥάθυμος ἦν ὁ στρατηγὸς ὥστε πολλάκις καιρὸν παριέναι.

7. ἀνδρειότεροι ἦσαν ἢ ὥστε φοβεῖσθαι τὸν θάνατον.

8. ἐάσω σε χρῆσθαι ταύταις ταῖς βίβλοις ἐφ' ᾧτε αὐτὰς ταχέως μοι ἀποδοῦναι.

9. οὕτως ἰσχυρὸς ἦν ὥστε δύνασθαι αὐτὸς φέρειν πάντας τοὺς πόνους.

10. ἐφαίνετο προδότης ὤν, ὥστε ὁ στρατηγὸς ἐκέλευσεν ἀποκτεῖναι αὐτόν.

Exercise 90 [B].

1. ὀλίγοι οὕτω τολμηροί εἰσιν ὥστε μὴ φοβεῖσθαι τὸν Φίλιππον.

2. τοσοῦτον ἐφοβεῖτο ὁ στρατὸς ὥστε ὁ στρατηγὸς οὐκ ἐτόλμησε προσβάλλειν.

3. σπονδὰς ἐποιήσαντο ἐφ' ᾧτε τοὺς Ἀθηναίους ἀποδοῦναι τοὺς αἰχμαλώτους.

4. σοφώτερός ἐστιν ἢ ὥστε μὴ ταῦτα εἰδέναι.

5. οὕτως εὖ ἔλεγεν ὁ Δημοσθένης ὥστε πολλάκις τοὺς Ἀθηναίους ἄκοντας ἔπειθεν.

6. τὸ ναυτικὸν ἀσθενέστερον ἦν ἢ ὥστε ἐκπλεῖν ἐκ τοῦ λιμένος.

7. ἐφ' ᾧ σε ἀποδιδόναι μοι τὰ χρήματα, οὔ σε αἰτιάσομαι.

8. ῥᾳθυμότερός ἐστιν ἢ ὥστε μανθάνειν τι.

9. οὕτω δεινὸς ἦν ὁ κίνδυνος ὥστε τοὺς Θηβαίους βούλεσθαι οἴκαδε ἀπελθεῖν.

10. ἐλπίζω σε οὕτω λέξειν ὥστε πεῖσαι αὐτούς.

11. τοσαῦτα τὰ ἐπιτήδεια εἰσεκομίσαντο εἰς τὴν πόλιν ὥστε τρία ἔτη ἀντέχειν.

Exercise 91 [*A*].

1. Φίλιππος οὕτω συνεχῶς ἐπολιόρκει τὴν Ὄλυνθον
ὥστε τοὺς πολίτας μηκέτι δύνασθαι λαβεῖν τὰ
ἐπιτήδεια.

2. ἐπειρῶντο συμμάχους τινὰς προσκτᾶσθαι ὥστε μὴ
μόνοι μάχεσθαι τοῖς Μήδοις.

3. τοὺς ἀρίστους στρατιώτας ἐξείλετο τὰ τείχη φυλά-
ξοντας.

4. τὸ ἑαυτοῦ στράτευμα ἀσθενέστερον ἐποίησεν ὅπως
βοηθήσειε τοῖς Θηβαίοις.

5. τοσοῦτον ἠθύμησαν οἱ πολῖται ὥστε οἴκαδε κατή-
γαγον τὸν Ἀλκιβιάδην.

6. οἱ Συρακόσιοι νέον τεῖχος ᾠκοδόμουν ἵνα μὴ περιέ-
χοιντο [-έχωνται].

7. οἱ Ἀθηναῖοι τοσαῦτα ἀνήλισκον οἴκοι ἐπὶ τοῦ
Δημοσθένους ὥστε μηδένα μισθὸν ἔχειν τοῖς
στρατιώταις.

8. ὅπως μισθὸν πορίζωσι τοῖς στρατιώταις οἱ τῶν
Λακεδαιμονίων στρατηγοὶ ἀργύριον ᾔτησαν τοὺς
Μήδους.

9. ἵνα τούτους νικῶμεν δεῖ αὐτοῖς ἀπροσδοκήτως
ἐπιτίθεσθαι.

10. ἐγγυτέρω ἐσμὲν τῶν πολεμίων ἢ ὥστε ἐνθάδε
αὐλίζεσθαι.

Exercise 92 [*B*].

1. διὰ τάχους ἄπιθι ἵνα μηδείς σε ὁρᾷ.

2. οὕτω σοφοὶ ἦσαν ὥστε πολλοὺς ἔρχεσθαι κοινωσο-
μένους αὐτοῖς.

Ex. 92—*continued*.

3. αἱ νῆες ἐσώθησαν ὥστε πᾶσα ἡ πόλις ἔχαιρεν.

4. βοηθήσομεν τοῖς Λακεδαιμονίοις ἐφ' ᾧτε αὐτοὺς πλείονα χρήματα ἡμῖν ἀποδοῦναι.

5. Κῦρος στράτευμά τι τῶν Ἑλλήνων ἦγεν ὡς καταστρεψόμενος τὴν τοῦ ἀδελφοῦ ἀρχήν.

6. καλλίων ἦν ἢ ὥστε κακῶς λέγειν τὸν κριτήν.

7. μέγα δῶρον ἔδωκε τοῖς ἐν τέλει ἵνα μὴ ἐκπέσοι ποτὲ ἐκ τῆς πόλεως.

8. οἴκοι κατέμενον ὅπως μὴ ἴδοιεν τοὺς πολεμίους εἰσερχομένους εἰς τὴν πόλιν.

9. οὕτως ἀγαθὸς ἡγεμὼν ἦν ὁ Ξενοφῶν ὥστε οἱ Ἕλληνες ἐπὶ θάλασσαν ἐσώθησαν.

10. τοσοῦτοι ἀπώλοντο ὥστε μὴ ἡμᾶς δύνασθαι θάπτειν τοὺς νεκρούς.

Exercise 93 [A].

τῶν δὲ Κρητῶν ποτε ἐν τῇ ἀκτῇ Ποσειδῶνι θυόντων Μίνως ὁ βασιλεὺς ᾔτησε μὲν τὸν Ποσειδῶ ταῦρον ἐκ τῆς θαλάττης πέμψαι ἵνα οἱ Κρῆτες γνῶσιν πόσον οἱ θεοὶ ἑαυτὸν τιμῶσιν· ὑπέσχετο δὲ τῷ Ποσειδῶνι θύσειν. καὶ εὐθὺς ἦλθε τοῖς κύμασι φερόμενος ταῦρός τις κάλλιστος ὤν. ἀλλὰ Μίνως ἐς τοσοῦτον ἐθαύμαζε τὸν θῆρα ὥστε ἄλλον τινὰ θύσας τὸν ἐκ τῆς θαλάττης ἐλθόντα κατεῖχε. Ποσειδῶν οὖν αὐτὸν ἐκόλασεν τὸν ταῦρον μανικὸν ποιήσας· ὁ δὲ οὕτω ταχέως εἰς τὴν ὕλην ἀπέφυγεν ὥστε μηδένα αὐτον

Ex. 93—*continued.*

λαβεῖν δύνασθαι. τότε δὴ ὁ Μίνως οὕτως ἐδεδοίκει
ὥστε βούλεσθαι τῇ πίστει ἐμμεμενηκέναι· ἐφοβεῖτο
γὰρ μὴ πολλοὶ τῷ θηρὶ διαφθαρῶσι.

Exercise 94 [*A*].

ἀπορῦντος δὲ τοῦ βασιλέως ὅτι πράξῃ, ὁ Ἡρακλῆς
ἀφικόμενος ὑπέσχετο τὸν ταῦρον λήψεσθαι· Εὐρυσθέα
γὰρ κελεῦσαι [or *Indic.*] εἰς τὰς Θήβας ἄγειν. Μίνως
οὖν οὕτως ἔχαιρεν ὥστε ἑκὼν αὐτῷ ἔδωκε σχοινία τε
καὶ αἰχμάς· ὁ δὲ ταῦτα λαβὼν ἐξῄει εἰς τὴν ὕλην τὸν
ταῦρον ζητήσων. οὐδὲ χαλεπὸν ἦν εὑρεῖν· τοσοῦτο
γὰρ ἐβρυχᾶτο ὥστε πανταχόθεν ἀκούεσθαι. προσι-
όντι μὲν τῷ Ἡρακλεῖ ὁ ταῦρος οὕτω ταχέως ἐπῄει
ὥστε ἀδύνατον εἶναι ὑπεξίστασθαι· ὁ δὲ βεβαίως
ἑστηκὼς τὰ κέρατα ἔλαβε καὶ κατεῖχεν ὥστε τὸν
ταῦρον μηκέτι δύνασθαι τὴν κεφαλὴν ἀνιστάναι. οὐδὲ
διὰ μακροῦ οὕτω κατετρίβη ὥστε Ἡρακλῆς ἦγεν αὐτὸν
εἰς τὴν πόλιν πᾶσι τοῖς πολίταις ἀποδείξων.

Exercise 95 [*B*].

οὕτω μὲν τὸ τῶν Ἀθηναίων ναυτικὸν ἐνίκησε καὶ οἱ
Λακεδαιμόνιοι ἐς τοσοῦτον ἠθύμουν ὥστε μηκέτι πει-
ρᾶσθαι τὴν Μυτιλήνην πολιορκεῖν. πολλοὶ δὲ τῶν
Ἀθηναίων ἐν τῇ μαχῇ ἀπώλοντο καὶ ἐκπλευσάντων
τῶν Λακεδαιμονίων πολλοὶ ἑωρῶντο τῶν ναυαγίων

ἐχόμενοι. δι' ὃ οἱ στρατηγοὶ βουλευσάμενοι αὐτοὶ τοὺς πολεμίους διώκειν ναῦς τινας καταλιπόντες ἐκέλευσαν μὲν τούτους σωθῆναι· χειμῶνος δὲ εὐθὺς γενομένου οἱ τούτων τῶν νεῶν ἄρχοντες φοβούμενοι μὴ καὶ αἱ ἑαυτῶν νῆες κακόν τι πάσχωσι ἀπέπλευσαν. τούτων δὲ εἰς Ἀθήνας ἀγγελθέντων ὁ δῆμος ἐκέλευσε τοὺς στρατηγοὺς εἰς κρίσιν καταστῆναι καὶ οὕτως ὠργίσθησαν ὥστε μὴ αὐτῶν ἀπολογουμένων ἀκροᾶσθαι. δύο μὲν οὖν τῶν στρατηγῶν ἵνα τὸ δίκην διδόναι ἐκφύγωσιν οὐδέποτε κατῇσαν· οἱ δὲ κατελθόντες ἀπέθανον.

Exercise 96 [B].

ἀποθανόντος δὲ τοῦ Κάδμου πολὺ πλείονες ἦλθον οἰκήσοντες τὴν Καδμείαν. ἐνθάδε πολλοὺς οἴκους ᾠκοδόμουν ὥστε τέλος μεγάλην πόλιν ἐποίησαν ἣν Θήβας ὠνόμασαν. ἐκ δὲ τούτου γενομένην τὴν Καδμείαν τὴν τῶν Θηβῶν ἀκρόπολιν ὁ βασιλεὺς ἐκέλευσε τείχεσιν ἰσχυροτάτοις περιτειχίσαι, ὅπως πολεμίου τινὸς ἐπιτιθεμένου τῇ πόλει οἱ ἔνοικοι πρὸς τὴν ἀκρόπολιν καταφεύγωσιν. ἦν δέ ποτε βασιλεύς τις τῶν Θηβῶν Ἀμφίων ὀνόματι, ὃς οὕτω καλῶς ᾖδεν ὥστε πάντα ἀναγκάζεσθαι αὐτῷ πείθεσθαι καὶ αὐτοὺς τοὺς λίθους ἕπεσθαι. εἰδὼς οὖν τοῦτο ἄρχεται ᾄδων ἐν μέσῃ τῇ πόλει, καὶ τοσοῦτοι λίθοι συνῆλθον ἀκουσόμενοι αὐτοῦ ᾄδοντος ὥστε δι' ὀλίγου τεῖχος λίθινον περιεβλήθη τῇ πόλει.

Exercise 97 [A].

1. μὴ οὕτως αἰσχροί ποτε εἶεν ὥστε προδοῦναι τὴν πόλιν.

2. ἐφοβούμην μὴ ἔρχοιντο ἡμῖν ἐπιθησόμενοι.

3. μὴ νομίσῃς αὐτοὺς οὐκ ἰδεῖν σε.

4. οὕτω σοφοὶ ἦσαν ὥστε τοὺς ἀνθρώπους πανταχόθεν ἔρχεσθαι αὐτοὺς ὀψομένους.

5. ἅμα τῷ ἦρι ἀφορμησόμεθα ὡς πολιορκήσοντες τὴν πόλιν.

6. οἱ πρὸς τὴν ἀκρόπολιν καταφυγόντες ἐλάσσονες ἦσαν ἢ ὥστε ἀνθίστασθαι τοῖς πολεμίοις [ἀμύνεσθαι τοὺς πολεμίους].

7. μὴ γνοίης ποτὲ ὅστις ταῦτά μοι ἔλεξεν.

8. μὴ φοβείσθων μὴ κακὰ αὐτοὺς ποιῶμεν.

9. πολλοὺς ἀγγέλους ἐξεπέμψαμεν εὑρήσοντας ὅποι ἦλθες.

10. εἶμι ὡς τὸν βασιλέα ἐφ᾽ ᾧτε ὑμᾶς μέγαν μισθόν μοι δοῦναι.

Exercise 98 [B].

1. δεῖ ἡμᾶς φυλάσσεσθαι ὅπως μὴ ἡμᾶς ἐξαπατήσουσιν.

2. περιείχοντο τοῖς ὄρεσιν ὥστε μὴ δύνασθαι ἐκφεύγειν.

3. καταφύγωμεν πρὸς τὰ ὄρη ἵνα μὴ ἡμᾶς λάβωσιν οἱ πολέμιοι.

Ex. 98 —*continued.*

4. οὕτω συνεχῶς ἐπολιορκεῖτο ἡ πόλις ὥστε τοὺς πολίτας μὴ δύνασθαι μηδένα ἐπιτήδεια λαμβάνειν.

5. μακρόν γε χρόνον ἀντεῖχον ὥστε καὶ οἱ πολέμιοι ἐθαύμασαν αὐτούς.

6. μὴ φοβηθῇς λέγειν.

7. οἶδα μὲν νοσοῦντα αὐτόν, φοβοῦμαι δὲ μὴ τέθνηκε.

8. οὗτοι ἀνδρειότεροι ὄντες ἢ ὥστε φεύγειν πάντες ἀπέθανον.

9. ὀλοίμην ὥστε μὴ ὁρᾶν τοὺς πολεμίους ἐν τῇ ἡμετέρᾳ πόλει ὄντας.

10. φεισόμεθα ὑμῶν ἐφ' ᾧτε ῥῖψαι τὰ ὅπλα.

Exercise 99 [A].

1. ἐκελεύσθησαν πᾶσαν τὴν ἡμέραν πορεύεσθαι.

2. οὐ φοβοῦμαι μὴ ἡμῖν ἀπροσδοκήτοις ἐπιθῶνται.

3. ἱππέας τινὰς ὁ στρατηγὸς προὔπεμψε ὡς πευσομένους τὶ πράσσεται.

4. πείθωμεν αὐτοὺς μὴ εἰς κίνδυνον ἐλθεῖν.

5. μή μοι εἴπῃς αὐτοὺς τὸν Κλέωνα ἑλέσθαι.

6. διὰ τί οὐκ ἐᾷς ἡμᾶς αὐτοῦ καταμένειν;

7. εἴθ' ἀεὶ σύμμαχοι εἶμεν μηδέποτ' ἐχθροί.

8. βελτίων ἐστὶν ἢ ὥστε κακὰ δρᾶν τινα.

9. ἐκέλευσεν αὐτοὺς πυθέσθαι ὁπόσοι εἰσὶν οἱ πολέμιοι.

10. φυλάττεσθε ὅπως μὴ τοὺς αἰτίους ἀπολύσετε.

Exercise 100 [B].

1. μὴ δεῦρο ἐπανέλθῃς.
2. ὑπέσχοντο ἐμὲ ἀπολύσειν ἐφ' ᾧτε τοὺς φίλους αἰτιᾶσθαι.
3. παρεκελεύσατο τοῖς στρατιώταις μὴ τὸν κίνδυνον φοβεῖσθαι.
4. οἱ κατάσκοποι προὐχώρησαν ὡς αἰσθησόμενοι τῶν πολεμίων προσιόντων.
5. ἤροντο διὰ τί ὁ Κλέων στρατηγὸς εἴη.
6. οἱ μὲν εἰς τὰς Ἀθήνας κατελθόντες ἀπέθανον· οἱ δε ἐν τῇ Ἀσίᾳ καταμείναντες ἐξέφυγον.
7. ἤδη τοὺς πολεμίους ἡμᾶς νικήσοντας.
8. ἐφοβούμην μὴ οἱ πολέμιοι ἡμᾶς νικήσωσι.
9. νομίζω τοῦ Βρασίδου στρατηγοῦντος ἡμᾶς νικήσειν
10. ἆρ' οἶσθα ὁπόσον χρόνον ἡ μάχη διετέλεσε ;

Exercise 101.

1. εἰ τοῦτο λέγεις ἀγνοεῖς.
2. ἐὰν τοῦτο ποιήσῃς πείσει.
    or εἰ τοῦτο ποιήσεις πείσει.
3. εἰ τοῦτο ἐποίησας ἔπαθες ἄν.
4. εἰ τοῦτο ποιοίης πάσχοις ἄν.
5. εἰ τοῦτο ἐποίησας ἔπασχες ἄν.
6. ἐὰν ἔλθωσιν, ὄψομαι αὐτούς.
7. εἰ ἦλθον εἶδον ἂν αὐτούς.
8. εἰ τοῦτ' ἔφασαν, ἥμαρτον.

Ex. 101—continued.

9. ἐὰν μή σε ἴδω, γράψω.
10. εἴ σε εἶδον οὐκ ἂν ἔγραψα.
11. εἰ μὴ παρῆν ἔγραψαν ἄν.
12. εἰ αὐτοὺς ἴδοιμι, οὐκ ἂν γράψαιμι.

Exercise 102 [A].

1. εἰ μὴ ὁ στρατὸς ἀφίκετο ἡ πόλις ἂν ἑάλω.
2. ἐὰν μὴ εὐθὺς ἀφορμηθῶμεν ἡ πόλις ἁλώσεται.
3. εἰ αὐτὸς παρῆν ταῦτ' οὐκ ἂν ἐγένετο.
4. εἰ θεοὶ εἰσὶν, ἐστὶ καὶ ἔργα θεῶν.
5. εἰ οὕτως ἔπραττον νῦν οὐκ ἂν ἦσαν ἀσφαλεῖς.
6. ἐάν σοι γράψω, ἀφορμήθητι εὐθύς.
7. εἰ τοῦτ' οὕτως ἔχει, ἥμαρτον.
8. εἰ ἔλθοιεν, πάντες ἂν χαίροιμεν.
9. ἐὰν μὴ ἔλθωσιν, ἔχωμεν αὐτοὶ τὰ δῶρα.
10. εἰ σὺ παρῆσθα, οὐδεὶς ἂν ἐτόλμησε λέγειν.

Exercise 103 [B].

1. ἐὰν τὸν Βρασίδαν πέμψωσι νικήσουσι τοὺς Ἀθηναίους.
2. εἰ μὴ Βρασίδας ἐν Θρᾴκῃ παρῆν ἐνίκησαν ἂν οἱ Ἀθηναῖοι.
3. εἰ τοῦτ' ἔφη, ψεύδεται.
4. εἰ ὁ Δημοσθένης ἔλεγεν ἤκουον ἄν.

Ex. 103—*continued.*

5. εἰ σὺ λέγοις, ἀκούοιμι ἄν.

6. ἐὰν μὴ σὺ εὐθὺς ἔλθῃς, οὐ καταμενῶ.

7. εἰ τοῦθ᾽ οὕτως εἶχε, δειλοὶ ἦσαν.

8. εἰ οἱ ἄγγελοι ἀφίκοντο πάντα εὖ ἂν εἶχεν.

9. εἰ τῇ πόλει ἐπιβουλεύοις ἐκπέσοις ἄν.

10. εἰ τῇ πόλει ἐπεβούλευσας προδότης ἦσθα.

Exercise 104 [*A*].

1. ἀπολύσομέν σε ἐὰν τοὺς σοὺς ἑταίρους αἰτιάσῃ.

2. εἰ μὴ τὸν Ἀλκιβιάδην ἐξεβάλετε, ὦ Ἀθηναῖοι, οὐκ ἂν νῦν ἐπάσχετε ταῦτα τὰ κακά.

3. εἰ Φίλιππος Ποτίδαιαν εἶλεν ἡμῶν οὐ βοηθούντων, ἆρ᾽ οὐ δύναται καὶ Ὄλυνθον ἑλεῖν ;

4. εἰ Σπαρτιάτης τὸ τοιοῦτον δρῴη, δίκας ἂν διδοίη.

5. ἡμῖν μάλιστα συνοίσει ἐὰν Φίλιππος ἡμῖν ἀντιστῇ ἐν Πύδνῃ.

6. εἰ τοῦτ᾽ εἶπεν, ἥμαρτεν.

7. εἴ τινα ἔχετε οἷόν τε βελτίω συμβουλεύειν, τοῦτον ἕλεσθε στρατηγόν.

8. εἰ μάθοι ὅπου τοῦτο τὸ ἀργύριον κρύπτεται, κλέψειεν ἂν αὐτό.

9. εἰ ἤδη, ἔλεγον ἂν ὑμῖν.

10. εἰ μὴ ἐζήτησα οὐκ ἂν εὗρόν ποτε αὐτό.

Exercise 105 [B].

1. ἐὰν τοῦτον ὠφελῇς αἰσχρὸς φανεῖ.
2. ἀδικώτατος ἂν εἴης εἴ μοι μέμφοιο.
3. εἰ ὁ Ἁρμόδιος ἀπέκτεινε τὸν τύραννον ὠφέλησε τοὺς Ἀθηναίους.
4. εἰ Φίλιππος νῦν κρατεῖ τῶν Θερμοπυλῶν οἷός τε ἐστὶν εἰς τὴν Ἀττικὴν πορεύεσθαι οὐδένος κωλύοντος.
5. οἱ Ἀθηναῖοι χαιρήσουσιν ἐὰν ὁ Ἀλκιβιάδης ἐκπέσῃ.
6. εἰ ὑπὸ Σωκράτους ἐδιδάχθης οὐκ ἂν τοῦτο ἐνόμιζες.
7. εἰ σπονδαὶ ποιοῖντο πάντα καλῶς ἂν ἔχοι.
8. εἰ τὴν ἐμὴν ἐπιστολὴν εἰλήφασιν ὡς φίλον σε ἀσπάσονται.
9. εἰ μὴ ἐφύλασσον τὰς πύλας ἡ πόλις ἂν ᾑρέθη.
10. ἐὰν ἑτοῖμος ᾖς ἅμ' ἕῳ ἐνταῦθα πορεύσομεθα.

Exercise 106 [A].

κῆρύξ τις περὶ τὴν πόλιν ἰὼν τοιάδε τοῖς Θηβαίοις ἀπήγγειλεν· "ἐάν τις τολμήσῃ θάπτειν ἢ τὸν Πολυνείκη ἢ ἄλλον τινὰ τῶν Ἀργείων, ἀποθανεῖται." ἡ δὲ Ἀντιγόνη ἀδελφὴ οὖσα τοῦ Πολυνείκους τοσοῦτον ἐφίλει τὸν ἀδελφὸν ὥστε βουλεύσασθαι ἀπειθεῖν τῷ βασιλεῖ καὶ ἐὰν ἀποθάνῃ τοῦτο ποιήσασα. νυκτὸς μὲν οὖν ἐξελθοῦσα ἔθαψε τὸν νεκρόν· ὁ δὲ βασιλεὺς μαθὼν

Ex. 106—*continued.*

ὅτι ἐποίησε σφόδρα μὲν ἠγανάκτησεν, ὅμως δὲ συνέγνω
ἂν αὐτῇ εἰ ἤθελεν ὁμολογεῖν ἀδικῆσαι.   ἡ δ᾽ αὖ θρασέως
ἀπεκρίνατο· " εἰ τὸ προσῆκον πεποίηκα οὐ δέδοικα ἀπο-
θανεῖν."   ἔπειτα δὴ ὁ βασιλεὺς μᾶλλον ἔτι ἀγανακ-
τήσας ἐκέλευσε τοὺς φύλακας εἴργειν αὐτὴν ἐν σπηλαίῳ
τινὶ ὅπως τῷ λιμῷ ἀπόληται.

Exercise 107 [*B*].

ἔπειτα ὁ Δημοσθένης παρελθὼν ἔλεξε τάδε· ἄνδρες
Ἀθηναῖοι, ἐὰν νῦν πρέσβεις ὡς Φίλιππον πέμψητε
οὐδὲν ἄλλο ἢ αὐξήσετε τὸ αὐτίκα δεινόν· οὗτος γὰρ
αἰσθόμενος ὑμᾶς φοβουμένους μᾶλλον δὴ θαρσήσει
ὑμῶν κρατήσειν.   ἀλλὰ τί αὐτὸν φοβεῖσθε ; εἰ μὲν
γὰρ οὕτω δυνατὸς ἦν ὡς ὑμεῖς οἴεσθε, νικήσας ἤδη
πάντας τοὺς ἄλλους πολεμίους ἐφ᾽ ὑμᾶς ἂν ἐπορεύετο.
νῦν δὲ ὑπὸ τῶν ἐναντίων πανταχόθεν κυκλούμενος
καὶ ἐὰν τούτων κρατήσῃ πολὺ ἀσθενέστερον ἕξει τὸ
στράτευμα ἢ πρότερον, ὥστε θαρροῦντες δυνησόμεθα
αὐτῷ ἐπιέναι.   μὴ οὖν ἀθυμήσητε, ἀλλὰ τήν τε πόλιν
ὡς κράτιστα τειχίζετε καὶ νέαν τινὰ δύναμιν ἀθροίζετε
ὡς τῷ κοινῷ τῆς Ἑλλάδος πολεμίῳ μαχούμενοι.

Exercise 108 [*A*].

εἰ μὴ ἐπίστευον Ἀλκιβιάδῃ φόβος ἂν ἐγένετο ἐν τῷ
ἄστει μέγιστος· ὁ δὲ τοὺς φρουροὺς συγκαλέσας εἶπε

Ex 108—*continued*.

τάδε· ἠκούσατε μὲν, ὦ ἄνδρες, ὅση συμφορᾷ οἱ Ἀθη-
ναῖοι πᾶν τὸ ναυτικὸν ἀπώλεσαν· ἡμέτερον δὲ νῦν ἐστι
βουλεύεσθαι ὅτι ποιεῖν μάλιστα ἡμῖν συμφέρει. εἰ
μὲν γὰρ στρατηγὸς ἔτι ἦν ἐκέλευον ἂν ὑμᾶς· τούτων
δὲ οὕτως ἐχόντων παραινῶ μόνον ὑμῖν ἐν τῷ παρόντι
στρατεύεσθαι ὑπὸ τῷ Θρᾳκί. εἰ μὲν οὖν τις ὑμῶν
ἀπορεῖ τῶν χρημάτων τὸ παραυτίκα, αἰτείτω· ἐὰν δέ
ποτε παράσχῃ χάριν εἴσομαι ὑμῖν δώροις πολλα-
πλασίοις. εἶθ᾽ ἔτι ὑμεῖς εὐτυχεστέρου τινὸς στρατη-
γοῦντος ὠφελοῖτε τούς τε Ἀθηναίους καὶ πᾶσαν τὴν
Ἑλλάδα.

Exercise 109 [B].

τοῦ δὲ στρατοῦ ὡς ἐς μάχην ταχθέντος ὁ στρατηγὸς
ἔλεξε τοιάδε τοῖς στρατιώταις· ὦ ἄνδρες στρατιῶται, εἰ
μὲν ἤδη ἐμέλλομεν μαχεῖσθαι ἐν τῇ βαρβάρῳ ὡς τὰ
ἡμέτερα [κτήματα] αὐξήσοντες, ἴσως ἂν οἱ θεοὶ μετὰ
τῶν πολεμίων ἦσαν. εἰ δὲ οἱ θεοὶ βοηθοῦσι τοῖς τῇ
πατρίδι ἀμυνομένοις πῶς οὐκ εἰκὸς αὐτοὺς νῦν γε
βοηθεῖν ἡμῖν; ἐπὶ μὲν τῶν πατέρων οἱ Ἕλληνες
οὐκ ἂν ἐνίκησάν ποτε τοὺς Μήδους εἰ μὴ οἱ θεοὶ μετ᾽
αὐτῶν ἦσαν· οὗτοι δὲ οἱ πολέμιοι φαίνονται ἔτι ἀσεβέ-
στεροι ὄντες τῶν Μήδων. ἐὰν οὖν ἀνδρείως μαχώμεθα,
πιστεύοντες τοὺς θεοὺς ἡμῖν βοηθήσειν, νικήσομεν.

Exercise 110 [*A*].

1. ἐτύχομεν παρόντες τοῦ ῥήτορος λέγοντος.
2. ἐπαύσαντο μαχόμενοι κελεύσαντος τοῦ στρατηγοῦ.
3. ἔλαθον τοὺς φύλακας ἐκφυγόντες ἐκ τῆς πόλεως.
4. ἀπέθανον ὡς ἐπιβουλεύσαντες τῇ πόλει.
5. ἡμέτερόν ἐστι πείθεσθαι τῷ βασιλεῖ καιπερ οὐκ ἀεὶ δικαίῳ ὄντι.
6. ἐφθάσαμεν ἐλθόντες εἰς τὴν πόλιν.
7. συνέγνωμεν αὐτῷ ἅτε οὐκ εἰδότι ὅτι ποιοίη.
8. ὁ στρατηγὸς προὐχώρει ἄνδρας μυρίους καὶ δισχιλίους ἄγων.
9. πάντας τοὺς αἰχμαλώτους ἀπέκτειναν, καὶ ταῦτα εἰδότες αὐτοὺς ἀναιτίους ὄντας.
10. ἐφθάσαμεν τοὺς πολεμίους προσελθόντες πρὸς τὸ ὄρος.

Exercise 111 [*B*].

1. οὗτος ὁ παῖς ἔφθασε τρέχων.
2. αἱ νῆες λαθοῦσαι [ἔλαθον] τοὺς πολεμίους εἰς τὸν λιμένα εἰσῆλθον [εἰσελθοῦσαι].
3. οἱ Ἀθηναῖοι τὸν Μιλτιάδην ἐν αἰτίᾳ εἶχον ὡς δῶρα λαβόντα.
4. ὡς παιδὶ ὄντι οἱ δικασταὶ συνέγνωσαν.
5. οἱ τυχόντες αὐτοῦ ἀκούσαντες σφόδρα ἐθαύμαζον.

Ex. 111—*continued.*

6. ἀφεῖμεν τοὺς αἰχμαλώτους καὶ ταῦτα εἰδότες αὐτοὺς ἡμῖν ἐπιβουλεύσαντας.

7. τοὺς στρατηγοὺς ἐν αἰτίᾳ εἶχον ὡς οὐ σώσαντας τοὺς ναύτας.

8. ταῦτα εἶπον ὥσπερ εἰδότες ἡμᾶς πεισομένους αὐτοῖς.

9. ἐπαύσαντο πολεμοῦντες ἅτε ἀμφοτέρων τῶν στρατηγῶν ἀποθανόντων.

10. οἱ δοῦλοι ἀφίκοντο πολλὰ καὶ καλὰ δῶρα παρὰ τοῦ βασιλέως φέροντες.

Exercise 112 [*A*].

1. ἡδόμην τοὺς σοὺς φίλους δεχόμενος.

2. ἐχρώμην αὐτῷ ὥσπερ ὄντι καίπερ οὐκ ὄντι ἀδελφῷ.

3. τί διατελεῖς ταῦτά με ἐρωτῶν ;

4. ἐφάνη σφόδρα αἰσχυνόμενος.

5. ἦλθε μὲν πρὸς ἐμὲ οὐδὲν ἀργύριον ἔχων· ἐγὼ δὲ ἔδωκα αὐτῷ ὅσων ἐδεῖτο ὡς φίλῳ ὄντι τοῦ ἐμοῦ πατρός.

6. ἐὰν παύσῃ ἐμοὶ ἀπειλῶν, ἀκροάσομαί σου.

7. ἐξέβαλον Θουκυδίδην ὡς τὴν Ἀμφίπολιν ἀπολέσαντα τῇ ἀμελείᾳ.

8. οἱ Ἀθηναῖοι καὶ οἱ Λακεδαιμόνιοι ἤρξαντο ἐρίζοντες περὶ τῆς τῶν Ἑλλήνων ἡγεμονίας ἐπὶ τοῦ Κίμωνος.

9. ἔτυχον τὸ ναυτικὸν πέμψαντες πρὸς Λῆμνον.

10. φθάσον αὐτὸν ἐκεῖσε ἀφικόμενος, εἰ πάρεσται.

Exercise 113 [B].

1. διετέλει ἐν ταῖς Ἀθήναις διάγων καίπερ πᾶσι τοῖς πολίταις ἀπεχθανόμενος.
2. ἀπέθανον ὡς τοῖς ἐν τέλει ἐπιβουλεύσαντες.
3. πέπεισμαι τοὺς ἀμφὶ Βρασίδαν φθήσεσθαι πρὸς τὴν πόλιν ἀφικομένους.
4. οἱ Ἀθηναῖοι, καίπερ εἰδότες τὸν Ἀριστείδην δίκαιον ὄντα, οὐχ ἥδοντο ἀεὶ τοῦτ' ἀκούοντες.
5. ἔλαθον ἐκ τῆς πόλεως ἐκφυγόντες καὶ εἰς τὴν ναῦν ἐμβάντες [ἐνέβησαν].
6. ἐχαίρομεν πάντες ἀκούσαντές σε ἀσφαλῶς ἀφικόμενον.
7. ἐπιμελῶς ἔσωσαν τὴν ἀσπίδα ὡς ὑπὸ τῶν θεῶν πεμφθεῖσαν.
8. ἔδοξε τῷ στρατηγῷ εὐλαβῶς προχωρεῖν καίπερ τῶν πολεμίων ἐκ τοῦ στρατοπέδου ἀπελθόντων.
9. ἐφάνησαν Ἕλληνες ὄντες καίπερ οὐ δυναμένων ἡμῶν ὅτι λέγουσι συνιέναι.
10. εἰς τὰ ὄρη ἀφικόμεθα τοὺς πολεμίους φθάσαντες καὶ ἐστρατοπεδευσάμεθα ἐν χωρίῳ ἰσχυρῷ.

Exercise 114 [A].

μετὰ πολλὰ ἔτη ἦλθέ τις εἰς τὰς Θήβας ἐξαγγελῶν τῷ Οἰδίποδι ὅτι τέθνηκεν ὁ Πόλυβος καὶ αἰτήσων αὐτὸν κατελθόντα εἰς τὴν Κόρινθον βασιλεύειν τῆς πόλεως. ὁ δὲ Οἰδίπους οὐκ ἤθελε κατιέναι διὰ τὸ

χρηστήριον· καίπερ γὰρ ἀποθανόντος τοῦ βασιλέως,
ἤ γε βασίλεια ἔτι ἔζη, καὶ ἐφοβεῖτο μὴ ἄτῃ τινὶ ἀναγ-
κασθεὶς βούληται αὐτὴν γαμεῖν. ταῦτ' οὖν ἔφηνε τῷ
ἀγγέλῳ, ὅς ἔτυχεν ὤν ὁ βουκόλος ὁ εὑρὼν τὸν Οἰδίποδα
παιδίον ὄντα ἐν τῇ ὕλῃ. ἔπειτα δὲ ὁ γέρων, ὥσπερ
ὠφελῶν τι τὸν βασιλέα, εἶπεν ὅτι οὐ μὲν υἱός ἐστι
Πολύβου, εὑρέθη δὲ ἐν τῷ Κιθαιρῶνι ὄρει σχοινίῳ
τοὺς πόδας δεδεμένος.

Exercise 115 [B].

ἡ μὲν οὖν Ἰοκάστη ταῦτα ἀκούσασα ᾔσθετο τὸν
Οἰδίποδα τὸν υἱὸν αὐτῆς ὄντα· ὁ δὲ Οἰδίπους πυνθανό-
μενος περὶ τοῦ πατρὸς ἔγνω ὄντα τὸν βασιλέα ὅν αὐτὸς
ἀπέκτεινεν. ἐνταῦθα δὴ οὐκέτι τλήσας τὴν μητέρα
ὁρᾶν ἐξεκέντησε τὰ αὐτοῦ ὄμματα· ἡ δὲ εἰς τὸν
θάλαμον ἀπελθοῦσα αὐτοχειρὶ ἀπέθανεν. ἐκ τούτων
οὖν οἱ Θηβαῖοι αὐτὸν ἐξέβαλον ὡς ἐὰν μένῃ πάντων
τῶν πολιτῶν κακὰ πεισομένων. ὁ δὲ πολλὰ ἔτη σὺν
τῇ θυγατρὶ Ἀντιγόνῃ πεπλανημένος τέλος εἰς τὰς
Ἀθήνας ἀφίκετο οὗ τὸ λοιπὸν διῆγε.

Exercise 116 [A].

1. ἐλπίζω σοι μεταμέλειν τῆς μωρίας.
2. δέον ἀναχωρεῖν, οἱ στρατιῶται εὐθὺς ἀφωρμήθησαν.
3. οὐ χρὴ τούτους μετέχειν τῆς λείας.

Ex. 116 -- *continued.*

4. ὡς τάχιστα ἐπορευύμεθα, δόξαν πρωὶ αὐλίσασθαι.

5. τὸν βασιλέα, καίπερ ἐξὸν [παρὸν] αὐτοῖς λύεσθαι, κατέλιπον ἐν τῇ βαρβάρῳ.

6. χρῆν ὑμᾶς αὐτοῖς διδόναι ὅτι ᾔτησαν.

7. ἀδύνατον ὂν προχωρεῖν διὰ τὴν χιόνα ἀνεπαύσαντο.

8. νομίζω ἡμῖν συμφέρειν ἀποδοῦναι τοὺς αἰχμαλώτους.

9. ὁ ῥήτωρ ἔλεξεν ὥσπερ δέον παραδοῦναι τὴν πόλιν.

10. ὁ Θεμιστοκλῆς ἤθελε ναῦς παρασκευάζεσθαι ὡς ἀδύνατον ὂν τοῖς Πέρσαις κατὰ γῆν ἀντίστασθαι.

Exercise 117 [B].

1. οὐ μέτεστιν ἡμῖν τούτου.

2. ἆρ' οὐ μεταμέλει σοι ὧν πεποίηκας ;

3. ἀπῆλθε ταῦτ' ἀκούσας, ὥσπερ οὐ δέον ἀποκρίνεσθαι.

4. πῶς οὐ χρῆν ὑμᾶς βοηθεῖν ἡμῖν μεγάλην δύναμιν ἔχοντας ;

5. σαφῶς ἐνόμισε δόξαι τοῖς φίλοις μένειν.

6. παρῄνεσα αὐτοῖς ἐνδοῦναι ὡς ἀδύνατον ὂν ἔτι ἀνέχεσθαι.

7. νομίζω τοῦτο ἄδικον μὲν οὐκ εἶναι, λέγω δὲ ὅτι οὐ συμφέρει ἡμῖν.

8. οἱ Ῥωμαῖοι πάντες ἀπέθανον, καίπερ παρὸν ἐκφεύγειν.

Ex. 117—*continued.*

9. ἐὰν μὴ μετάσχωμεν τῆς λείας οὐδέποτε αὖθις μαχούμεθα.

10. ἀνδρείως μαχώμεθα πάρεχον ἡμῖν σῴζειν τὴν πατρίδα.

Exercise 118 [A].

1. οὐ τοὺς συμμάχους παραδοτέον ἐστὶν ἡμῖν τοῖς Ἀθηναίοις.

2. εἶπε τοῖς στρατιώταις οὐκ ὀλιγωρητέον εἶναι τῶν πολεμίων.

3. μεταδοτέον ἐστὶ τῆς λείας τοῖς συμμάχοις.

4. ἐκδοτέα ἦν αὐτῷ ἡ θυγάτηρ ἀνδρὶ πένητι.

5. τοσαῦτα χρήματα οὐκ ἀποδοτέα ἐστὶν ὑμῖν.

6. πῶς οὐ τιμητέον ἐστὶ τοὺς ὑπὲρ τῆς πατρίδος ἀποθανόντας;

7. ὁ στρατηγὸς παρήγγειλεν ἀφορμητέον εἶναι εὐθύς.

8. ᾔδεσαν ἀντιληπτέον ὂν τοῦ πράγματος ἑαυτοῖς.

9. οἱ λοχαγοὶ παρήγγειλαν βοηθητέον εἶναι τῷ στρατεύματι τοῖς συμμάχοις.

10. εἴρητο τοῖς Ἀθηναίοις ἀπολειπτέον εἶναι τὴν πόλιν καὶ εἰς Σαλαμῖνα μεταναστατέον.

Exercise 119 [B].

1. πᾶσιν ἡμῖν παραδοτέον ἐστὶ τὰ κτήματα.

2. μεταναστατέον ἦν ἡμῖν ὥστε μὴ τοῖς πολεμίοις ὑποχειρίους γενέσθαι.

Ex. 119—*continued*.

3. ἠγγέλθη τοῖς φρουροῖς παραδοτέον εἶναι τὴν πόλιν.

4. πωλητέον ἐστὶ τὴν οἰκίαν ἵνα τὸν σῖτον παράσχῃς.

5. ἐρρήθη αὐτοῖς προσοιστέον εἶναι σῖτόν τε καὶ
ἐσθῆτα τοῖς ξένοις.

6. ἀφορμητέον ἦν εὐθὺς ὥστε εἰς καιρὸν ἀφικέσθαι.

7. ὡς ξένῳ ποτὲ γενομένῳ ᾤμην βοηθητέον εἶναι
αὐτῷ.

8. ᾔδεσαν δέον ἢ παραδοῦναι τὴν πόλιν ἢ ἀποθανεῖν.

9. παρηγγέλθη δεῖν ἐπιέναι εὐθύς.

10. τιμητέον ἐστὶν ἀεὶ τοὺς πάλαι τοὺς ταύτην τὴν
ἀρχὴν τοσαύτην οὖσαν ἡμῖν κεκτημένους.

Exercise 120.

1. εἰπὲ ἡμῖν ὅστις [τίς] τοῦτο ἔλεξε.

2. γιγνώσκω τὸν ἄνθρωπον ᾧ ἔλεγες.

3. ᾔδεσαν διὰ τί οἱ πολῖται μισοῖεν αὐτούς.

4. ἀμφότεροι κατεγνώσθησαν θάνατον ὁ μέν [ἕτερος]
δικαίως ὁ δὲ [ἕτερος] ἀδίκως.

5. πρὸ τοῦ οἱ πολλοὶ τῶν στρατιωτῶν ᾤχοντο.

6. ἄλλαι νῆες ἐξ ἄλλων λιμένων ἦλθον.

7. οὐδέτερος τούτων [τῶν ἀνθρώπων] ἄξιός ἐστι τῆς
τιμῆς.

8. οὗτός ἐστιν οὗ τοὺς υἱοὺς ἀπέκτεινας.

9. εἰπέ μοι περὶ ὧν ἤκουσας.

10. ἑκάτερον τὸ στράτευμα ἐνικήθη.

11. ἕκαστος τῶν στρατιωτῶν μισθὸν ἐδέξατο.

12. ἀπέδωκα αὐτῷ τὸ ξίφος [αὐτοῦ].

13. οὐκ ἐπείθοντο τῷ ἑαυτῶν βασιλεῖ.

Ex. 120—*continued.*

14. ἐλυσάμεθα τοὺς πολίτας, οἱ δὲ οἴκαδε εὐθὺς ἦλθον.

15. χρὴ τοὺς σοφοὺς τιμᾶν ἀλλήλους.

16. οὐ δυνάμεθα νικᾶν [τὴν] τοσαύτην δύναμιν.

17. ταῦτα ἀκούσας ἀπεκρίνατο ὧδε [τάδε].

18. Νικίας καὶ Δημοσθένης στρατηγοὶ μὲν ἦσαν [ἀμφό-
    τεροι] τῶν Ἀθηναίων, οὗτος δὲ εὐτυχέστερος ἦν
    ἐκείνου.

19. αἰτῶμεν αὐτοὺς καθ' ἕκαστον.

20. οὐκ ἔχω εἰπεῖν ὅτι [τί] οἱ σοὶ φίλοι λέξουσιν.

Exercise 121 [*A*].

1. οἱ στρατιῶται οὐκ ἤθελον οὐδετέρῳ τοῖν στρατη-
   γοῖν πείθεσθαι.

2. τῶν φίλων πρὸς τὸν ποταμὸν προσελθόντων ὁ μὲν
   διέβη ὁ δὲ ἀπῄει [or use ὁ ἕτερος].

3. πολλὰ χρήματα αὐτῷ ἔδομεν, ὁ δὲ εὐθὺς ἀπῆλθεν.

4. οἱ τοιοῦτοι στρατιῶται οὐχ ἱκανοί εἰσι φέρειν τοὺς
   πόνους.

5. ὑπέσχοντο μισθὸν δώσειν τῷ τὸν σῖτον σφίσι
   πορίσαντι.

6. ὁ στρατηγὸς εἰς τοσοῦτον ἦλθε τῆς τόλμης ὥστε
   ἀεὶ ἕτοιμος εἶναι μάχεσθαι.

7. ἐν τῇ βουλῇ οἱ μὲν ἕτεροι ἐψηφίσαντο πολεμῆσαι
   οἱ δὲ ἕτεροι εἰρήνην ἄγειν.

8. πρὸ τοῦ ἕκαστος τῶν στρατιωτῶν τρεῖς ὀβολοὺς
   τῆς ἡμέρας ἐδέχετο.

Ex. 121—*continued*.

9. οἱ πολέμιοι δρόμῳ προθέοντες ἀμφοτέροις τοῖς κέρασιν ἅμα ἐνέπεσον.

10. εἶπον τῷ στρατηγῷ ὅτι ἐν τῷ στρατοπέδῳ ἤκουσα.

11. ταῦτα μὲν εἶπεν ὁ Δημοσθένης· ὁ δὲ Αἰσχίνης τάδε ἀπεκρίνατο.

12. καὶ ὁ Ἀννίβας καὶ ὁ Ἀλέξανδρος μεγάλοι ἦσαν στρατηγοί· οὗτος δὲ εὐτυχέστερος ἦν ἐκείνου.

13. ἅμα τῇ ἡμέρᾳ οἱ περιγενόμενοι προσέβλεπον ἀλλήλους θαυμάζοντες πόσοι ἔτι ζῶσιν.

Exercise 122 [B].

1. ὁ μὲν τῶν ἀδελφῶν βασιλεὺς ἐγένετο, ὁ δὲ ἀπέθανε [or use ὁ ἕτερος].

2. ἀμφοτέρων τῶν υἱῶν ἐμοὶ φίλων ὄντων περὶ πλείονος ἐποιούμην τὸν πρεσβύτερον.

3. πρὸ τοῦ ἐπιστεύομεν ἀμφότερα τὰ ἄστη καθαιρεθῆναι.

4. ἔδομεν σῖτον αὐτοῖς πεινῶσι· οἱ δὲ ἀεὶ ἡμῖν χάριν εἶχον.

5. ἕκαστος τῶν ναυτῶν ἔλαβε μέγαν τὸν μισθὸν ἀπὸ τῆς πόλεως.

6. εἶπον χάριν ἔχειν ἡμῖν ὅσων ἐποιήσαμεν.

7. ὑπέσχοντο ἀπιέναι ἐὰν αὐτοῖς ἀργύριον δῶμεν.

8. τοῦ ἑτέρου τῶν ῥητόρων ταῦτα εἰπόντος ὁ ἕτερος ἀπεκρίνατο τάδε.

Ex. 122—*continued.*

9. ἐς τοσοῦτο ἦλθον τῆς κακίας ὥστε φοβεῖσθαι καὶ τοὺς βαρβάρους.

10. εἰπέ μοι τίς σοι ἔδωκεν ὃ δῶρον περὶ πλείστου ποιεῖ.

11. τούτων τῶν Ἑλλήνων ἐκεῖνος μὲν ἦν σοφώτερος οὗτος δὲ εὐτυχέστερος.

12. σκοτεινῆς οὔσης τῆς νυκτὸς οἱ στρατιῶται ἀλλήλους ἐτραυμάτιζον.

Exercise 123.

μετὰ ταῦτα [ἐκ τούτων].

διὰ ταῦτα.

πρὸς τούτοις.

ἀφ' ἵππου [ἐφ' ἵππου] μάχεσθαι.

χρημάτων ἕνεκα.

κατὰ τοῦ ὄρους.

κατὰ τὸν νόμον.

παρὰ τὸν νόμον.

παρὰ τὸν ποταμόν.

ἄνευ ἐλπίδος.

διὰ δέκα ἐτῶν.

ὑπὲρ τοῦ υἱοῦ.

ἔλεξε περὶ τοῦ υἱοῦ.

ἔλεξε κατὰ τοῦ Νικίου.

ἀνὰ ῥοῦν.

κατὰ ῥοῦν.

ἐπὶ Σόλωνος.

ἦλθε μετὰ τῶν φίλων

παρὰ τῷ βασιλεῖ.

διὰ δούλου.

καθ' ἡμέραν.

ἐφ' ἡμῖν.

σὺν [τοῖς] θεοῖς.

ἐποιήθη ὑπ' αὐτοῦ.

οἱ ἀμφὶ [περὶ] τὸν βασιλέα.

ἐπὶ Λήμνου ἔπλευσαν.

ἐν τούτῳ.

ἐπὶ τεττάρων ἐτάχθησαν.

Exercise 124 [A].

1. ἐὰν περὶ πολλοῦ ποιῆσθε τὴν ἐλευθερίαν οὐδέποτε ἐπὶ τυράννῳ ἔσεσθε.

2. ἀφ' ἵππων μαχόμενοι ῥᾳδίως κατέλαβον τοὺς φεύγοντας.

3. διετέλουν πᾶσαν τὴν ἡμέραν μαχόμενοι, οὐδὲ ἐπαύσαντο μέχρι ἑσπέρας.

4. ἠγγέλθη ὅτι ὁ Φίλιππος ἐπίοι ἡμῖν εἰς δισμυρίους ἄνδρας ἄγων.

5. εἰ παρὰ τὸν νόμον ἔπραξαν δίκην ἂν ἔδοσαν.

6. κατὰ τὸν Πίνδαρον νομιστέον ἐστὶ τὸ ὕδωρ πάντων ἄριστον.

7. διὰ πολλὰ διανοοῦμαι βοηθῆσαι τοῖς Θηβαίοις καίπερ πόλεμον ἐπιφέρουσι τῇ ἐμῇ πατρίδι.

8. περὶ τούτου σπουδάζων οὐκ ἔγνω τοὺς πολεμίους κατὰ κράτος ἑλόντας τὴν πόλιν.

9. ὡς ἐπὶ τὸ πολὺ οἱ φιλόσοφοι διαλέγονται περὶ τῆς ἀρχῆς τοῦ κόσμου.

10. διὰ ταῦτα ἠναγκάσθησαν διὰ φιλίας ἰέναι τοῖς Ἀθηναίοις.

11. περὶ πλείστου ποιοῦμαι ἀεὶ διὰ φιλίας ἰέναι τοῖς Λακεδαιμονίοις.

Exercise 125 [B].

1. πλὴν ὀλίγων πάντες οἱ Ἕλληνες ἀντέστησαν τοῖς Μήδοις.

2. αἰτήσω αὐτὸν καταμένειν ἢ ἀντ' ἐμοῦ ἢ μετ' ἐμοῦ.

Ex. 125—*continued*.

3. οἱ μὲν ἐπὶ τῇ δεξιᾷ ἐτράπησαν ταύτῃ τῇ προσβολῇ, οἱ δὲ ὁπλῖται οἱ ἐπ' ἀριστερᾷ διέμειναν ᾗ ἐτάχθησαν.

4. ἐπί σοί ἐστι πολὺ ὠφελεῖν τὴν πατρίδα.

5. ἐὰν διὰ τῆς ἡμετέρας χώρας πορευθῶσι, πάντα διαφθεροῦσι.

6. εἰ ἐπὶ βελτίοσι συνέβησαν, ἡ εἰρήνη διετέλει ἂν μεχρὶ τοῦ νῦν.

7. πρὸς τούτοις ἀνδρειότατα πέπραχεν ὑπὲρ τῆς πατρίδος.

8. μετὰ ταῦτα Δημοσθένης πολλάκις ἔλεγε κατὰ τῶν τοῦ Αἰσχίνους φίλων.

9. εἰ περὶ ἄλλο τι γενοίμην οὐκ ἂν δυναίμην τοῦτο ἐκτελεῖν· δι' ὃ οὐκ ἄρξομαι οὐδὲ σοῦ ἕνεκα.

10. οἴκαδε ἀφωρμήθη ἅμ' ἐμοί· εἰ δὲ μὴ ἀφῖκται φοβοῦμαι μὴ κακόν τι γέγονεν.

11. πρῶτον μὲν παρὰ τὸν ποταμὸν ἐπορεύθησαν· ἔπειτα δὲ αὐτὸν διαβάντες τῇ γεφύρᾳ ἐστρατοπεδεύσαντο πρὸς τῷ ὄρει.

Exercise 126 [*A*].

ἐν δὲ τούτῳ σύμμαχοί τινες τῶν Συρακοσίων πρὸς Συρακούσας πορευόμενοι ἐποτρύνοντος τοῦ Νικίου ὑπὸ τῶν Σικέλων ἀπελήφθησαν. εἰ μὲν Νικίας τοῦτο ἐβουλεύσατο Γυλίππου μήπω ἀφικομένου ἴσως ἂν οἱ Ἀθηναῖοι τὴν πόλιν εἷλον· νῦν δὲ ὀκτακόσιοι μὲν τῶν συμμάχων ἀπέθανον χίλιοι δὲ καὶ πεντακόσιοι εἰς

Ex. 126—*continued*.

Συρακούσας ἀφίκοντο. καὶ οὐ διὰ πολλοῦ Δημοσθένει
ἔδοξε νυκτὸς τῇ πόλει προσβαλεῖν. οἱ δὲ στρατιῶται
αὐτοῦ καίπερ τοσαῦτα δεινὰ παθόντες πλέῳ ἦσαν τῆς
ἐλπίδος καὶ τοῦ θάρσους· ἤδη γὰρ ἔμελλον μάχεσθαι
στρατηγοῦντος τοιούτου οἷος τὴν μεγίστην δόξαν
ἐκέκτητο τῆς τε φρονήσεως ἕνεκα καὶ τῆς ἀνδρείας,
καὶ πάντες ἐπίστευον ἡγεμονεύοντος αὐτοῦ τέλος τὴν
πόλιν αἱρήσειν.

Exercise 127 [*B*].

τοῦ δ' ἐπιγιγνομένου ἔτους ἅμα τῷ ἦρι ὁ Σκιπίων
οὐκ ἐλάσσονας ἀνδρῶν τρισμυρίων ἔχων ἐπὶ τὴν
Καρχηδόνα ἐπορεύετο ἀπέχουσαν ὁδὸν οὐ πολλῶν
ἡμερῶν. ἔλαθεν δὲ πρὸς τὴν πόλιν προσιὼν καὶ
ἀπροσδοκήτως ἐπῆλθε τοῖς τὸ ἄστυ φρουροῦσι Καρ-
χηδονίοις, χιλίοις μάλιστα ἀριθμῷ οὖσι, τῶν μὲν νεῶν
ἐκ τῆς θαλάσσης ἐπιθεμένων τοῦ δὲ πεζοῦ ἅμα ἐκ τῆς
ἠπείρου. καίπερ οὐκ ἔξον βοήθειάν τινα ἐλπίζειν οὐδὲ
ἱκανῶν ἐνόντων ἐν τῷ ἄστει στρατιωτῶν ὥστε τὰ τείχη
πληρῶσαι, ὅμως ὁ Μάγων, ὁ τῷ φρουρίῳ ἐφεστηκὼς,
οὐκ ἠθύμησεν ἀλλὰ τοὺς πολίτας καθοπλίσας ἀνδρείως
ἠμύνετο. καὶ ἐκδρομήν τινα ἐποιήσατο, ἣν μέντοι
ῥᾳδίως ἀπεκρούσαντο οἱ Ῥωμαῖοι.

Exercise 128 [A].

οὕτω δὴ ἀθυμοῦντος τοῦ στρατεύματος μόνος ὁ Ξενοφῶν ἐφαίνετο εὐθυμεῖν καίπερ αὐτὸς οὐκ ἐλπίζων τὴν Ἑλλάδα πάλιν ὄψεσθαι. ἤδη γὰρ ὀλίγον χρόνον τῶν βαρβάρων παυσαμένων τοῦ ἐπιτίθεσθαι τὰ ὄρη ἐκ τοῦ ἔμπροσθεν φαινόμενα αὐτοὺς ἐφόβει. Ξενοφῶν οὖν ἐν τοῖς στρατιώταις ἐφοίτα αὐτοῖς παρακελευόμενος. τοῖς μὲν λοχαγοῖς εἶπε τάδε· οἱ μὲν στρατιῶται ὑμᾶς, ὦ ἄνδρες, εἵλοντο λοχαγοὺς ἀποθανόντος τοῦ Κλεάρχου, ὡς ἀνδρειοτάτους τε ὄντας καὶ μάλιστα πάντων ἑτοίμους τὰ δεινὰ πάσχειν. νῦν δὲ εἰ ὑμεῖς φαίνεσθε ἀθυμοῦντες, πῶς ἐγὼ τοῖς ἄλλοις παρακελεύωμαι; τοῖς δὲ στρατιώταις εἶπε τοιάδε· εἴ τις μὲν ἐμέ, ὦ ἄνδρες, αἰτοίη διὰ τί ὧδε ἀθυμεῖτε, οὐκ ἂν δυναίμην αὐτῷ ἀποκρίνασθαι· οὐδὲ ὁ Κῦρος ὑμᾶς ἂν ἤγαγεν ἐκ τῶν Σάρδεων πρὸς τὴν Βαβυλῶνα, εἰ ᾔδειν ὑμᾶς τοιούτους ὄντας. τῶν μὲν γὰρ μειζόνων κινδύνων περιγεγένησθε ἤδη· λείπεται δὲ τὰ ἐλάσσω. ὑμεῖς μέντοι, ὥσπερ οὐχ οἱ αὐτοὶ ὄντες οἳ τοὺς Πέρσας ἔτρεψαν, νῦν ἀποκνεῖτε τά τε ὄρη καὶ τὰ θηρία.

Exercise 129 [B].

πάντων δ' ἤδη παρεσκευασμένων ὁ Νικίας ἄφνω ἐκλείψει τινὶ σελήνης ἐξεπλάγη. ἔπεμψεν οὖν ἐρωτήσοντας τοὺς μάντεις οἷς εἶπε τὰ πάντα αὐτὸς πείσεσθαι. οἱ δὲ κατὰ τὸν μὲν Θουκυδίδην ἀπεκρίναντο ἀναπαυστέον

Ex. 129—*continued.*

εἶναι τῷ στρατῷ ἑπτὰ καὶ εἴκοσιν ἡμέρας, ἄλλοι δέ
τινες συγγραφεῖς ἐξηγοῦνται αὐτὸν τὸν Νικίαν αὐξῆσαι
τὸν χρόνον. εἴ γε μὴν τοῦτο ἀληθές ἐστι, τίς οὐκ
οἴεται Νικίαν, καίπερ εὐσεβέστατον ὄντα τῶν ἀνθρώ-
πων, τὴν αἰσχίστην μωρίαν ὀφλεῖν ; εἰ γὰρ οἱ Ἀθηναῖοι
λαθόντες τοὺς Συρακοσίους ἦραν αἵ τε νῆες καὶ ὁ πεζὸς
ἂν ἐσώθησαν· τοσοῦτον δὲ χρόνον διατρίψαντες τὴν
μίαν ἐλπίδα τῆς σωτηρίας μεθεῖσαν.

Exercise 130 [*A*].

τριῶν δ' ἐτῶν διελθόντων οἱ Λακεδαιμόνιοι σπονδὰς
πέντε ἐτῶν ποιησάμενοι ἐπέτρεψαν τοῖς Ἀθηναίοις
ἅπτεσθαι τοῦ [προσέχειν τῷ] ἐπὶ τοὺς Μήδους πολέ-
μου· καὶ ὁ Κίμων τούτῳ τῷ καιρῷ προθύμως ἐχρήσατο.
τὰ μὲν γὰρ οἴκοι οὐκέτι οὕτω δυνατὸς ἦν ὥστε ἐναντιοῦσ-
θαι τῷ Περικλεῖ· στόλου δὲ ναυτικοῦ ἡγούμενος ἤλπιζε
μὴ μόνον κρατήσειν τῶν Μήδων ἀλλὰ καὶ τήν τε πόλιν
καὶ ἑαυτὸν πλουτιεῖν. καὶ εἰ μὲν ἐπεβίω ἐξετέλεσεν
ἂν κατὰ τὸ εἰκὸς ἃ διενοεῖτο· γράφει δὲ Θουκυδίδης
ἐκεῖνον μὲν πόλιν τινὰ πολιορκοῦντα ἀποθανεῖν, τοὺς
δὲ Ἀθηναίους διὰ τὴν τοῦ σίτου ἀπορίαν παυσαμένους
τῆς πολιορκίας καὶ κατὰ γῆν καὶ κατὰ θάλασσαν τούς
τε Φοίνικας καὶ τοὺς Κίλικας νικῆσαι.

Exercise 131 [B].

ἐν δὲ τούτῳ τῷ ἔτει ὁ πόλεμος ἐτελεύτησεν. ἐσπείσαντο γὰρ ἐφ' ᾧτε τοὺς Ἀθηναίους ἀποδοῦναι μὲν τοὺς αἰχμαλώτους καὶ πάσας τὰς πόλεις τὰς ἐν τῷ πολέμῳ αἱρεθείσας, τὴν δὲ Ἀμφίπολιν ἀπολαβεῖν. εἰ μὲν οὖν οἱ Λακεδαιμόνιοι ταύτην τὴν πόλιν παρέδοσαν, οἱ Ἀθηναῖοι ἡδέως ἂν τῇ εἰρήνῃ ἐνέμενον· ἐκεῖνοι δὲ, καίπερ αὐτοὶ ἐκ τῆς πόλεως ἐξελθόντες, οὐκ ἔφασαν παραδώσειν ὡς ἐλευθέραν δὴ οὖσαν. καὶ τῶν Ἀθηναίων δεινὸν ποιουμένων οἱ ἔφοροι τάδε ἀπεκρίναντο· οἱ μὲν Λακεδαιμόνιοι οὐ κατέχουσι τὴν Ἀμφίπολιν· εἰ δ' οὖν οἱ Ἀθηναῖοι κεκτῆσθαι αὐτὴν βούλονται αὐτοὶ προσαγέσθων. καὶ οὐ διὰ μακροῦ οἱ Ἀθηναῖοι τὴν μὲν πόλιν ἐκπολιορκήσαντες δεινότατα ἐχρῶντο τοῖς πολίταις· γνόντες δὲ ἤδη τοὺς Λακεδαιμονίους οὐ τοῖς ῥητοῖς ἐμμενεῖν μέλλοντας, τῷ Ἀλκιβιάδῃ ἐπείθοντο λέγοντι ὅτι δεῖ τῶν ἐν τῇ Πελοποννήσῳ ὡς πλείστους πολεμίους τοῖς Λακεδαιμονίοις καταστῆσαι.

Exercise 132 [A].

1. εἰ ἡ στρατεία εὐθὺς ἦρεν ἔφθασεν ἂν τοὺς πολεμίους ἀφικομένη πρὸς τὴν πόλιν.

2. οἱ Ἀθηναῖοι προσηγάγοντο τὴν πόλιν καίπερ πρότερον ἐπὶ τοῖς Κίλιξιν οὖσαν.

3. ἐπὶ τούτοις σπεισάμενοι ἀμφότεροι οἱ στρατοὶ οἴκαδε ἀπῆλθον.

Ex. 132—*continued.*

4. ἔτυχον παρὼν τοῦ Δημοσθένους Ἀθήνῃσι κατὰ τοῦ Φιλίππου λέγοντος.

5. ὥσπερ οὐ τὰ γενόμενα ἀκούσαντες διετέλουν ἐπὶ τῆς Ἀμφιπόλεως πορευόμενοι.

6. οὕτω δὲ ἐχόντων τῶν πραγμάτων ὁ Ξενοφῶν ἐβουλεύσατο ἐπὶ τοὺς Καρδούχους ἐπιέναι μηδὲ πειρᾶσθαι διαβαίνειν τὸν ποταμόν.

7. ἐὰν ἀνὰ τὸν ποταμὸν πορευθῶμεν δι' ὀλίγου εἰς τὴν Βαβυλῶνα ἀφιξόμεθα.

8. οἱ Ἀθηναῖοι εἰρήνην ἐποιήσαντο πρὸς βασιλέα ἐφ' ᾧτε τὰς Ἰονίας πόλεις αὐτονόμους εἶναι.

9. τὸ ἐπ' ἐμὲ ἔξεστί σοι ταῦτα ἀγγεῖλαι τοῖς Θηβαίοις.

10. ὁ στόλος τοίνυν ἄρας ἐπὶ τῆς Κύπρου ἀπέπλευσεν

Exercise 133 [B].

1. εἰ τὸ ναυτικὸν, ὦ Ἀθηναῖοι, ἀεὶ ἰσχυρὸν ἔχοιμεν οὐδέποτε ἂν νικώμεθα.

2. εἰ μὴ αἱ πύλαι ὑπὸ τῶν φυλάκων προὐδόθησαν, ἀνθιστάμεθα ἂν ἤδη.

3. τούτῳ τῷ ἔτει οἱ Ἀθηναῖοι πολὺ ἐθάρσουν περὶ τοῦ πολέμου, ὥσπερ ἄλλην τινὰ συμφορὰν οὐδέποτε πεισόμενοι.

4. ἐὰν περὶ τὴν νῆσον πλεύσητε λιμένα εὑρήσετε.

5. οἱ Ἀθηναῖοι οὐκ ἂν νῦν σου ἐφείδοντο, εἰ ἐνικήθης, καίπερ πολλαῖς μάχαις μαχεσαμένου ὑπὲρ αὐτῶν.

Ex. 133—*continued.*

6. εἴ τις τοῖς Ἀθηναίοις παραινεῖ μὴ πόλεμον ἐπιφέρειν ἀεὶ αὐτοῖς φαίνεται δειλὸς εἶναι.

7. ὡς ἄρτι ἀφικόμενος ἐκ χώρας βαρβάρου θαυμάζω πάντα ὅσα Ἀθήνῃσιν ὁρῶ.

8. εἰ τετρακοσίους μάλιστα ἄνδρας καταλίποις ἱκανοὶ εἶεν ἂν ὥστε τὰ τείχη πληροῦν.

9. ὡς ἐπὶ τὸ πολὺ ἥδεται θηρεύων.

10. ἔτυχε νοσήσας καὶ πρὸς τούτοις κακὰ ἔπασχεν ἀεὶ ὑπὸ τῶν ἀμφὶ Κλέωνα.

Exercise 134 [A].

1. δεῖ ὑμᾶς τῷ στρατηγῷ ἕπεσθαι ὅποι ἂν ὑμῖν ἡγῆται.

2. εἴ ποτε ξένον τινὰ λάβοιεν ἀπέκτειναν.

3. ὅποι ἔλθοιμι πολλοὺς φίλους ἀεὶ εὕρισκον.

4. μὴ φοβηθῇς ἀλλ᾽ εἰπὲ ὅσα ἂν βούλῃ.

5. εἴ ποτε μὴ λέγοι οἱ πολῖται ἠγανάκτουν.

6. ἀποκτενοῦμεν τοὺς προδότας ὅπου ἂν αὐτοὺς λάβωμεν.

7. ἐκέλευσε τοὺς στρατιώτας ἕπεσθαι ὅποι ἂν ἄγωσιν [ὅποι ἄγοιεν] οἱ ἡγεμόνες.

8. ὅπως ἂν ταῦτα ἀποβαίνῃ ὑμεῖς γε ἀναίτιοι ἐστε.

9. ὁποῖα ἂν ἀγγέλλωσιν ἔγωγε χαιρήσω ἰδὼν αὐτούς.

10. ὁ στρατηγὸς τοὺς ἑαυτοῦ ἐκέλευσεν ἐπιθέσθαι τοῖς πολεμίοις ὅπου ἂν αὐτοῖς ἐντύχωσι.

Exercise 135 [B].

1. ποίει ὅτι ἄν σε κελεύῃ.
2. ἐάν ποτε ξένος τις πρὸς τὴν χώραν αὐτῶν ἀφίκνηται εὐμενῶς αὐτὸν δέχονται.
3. ἐκέλευσαν ἡμᾶς ἕπεσθαι αὐτῷ ὅποι ἄγοι.
4. εἴ τινας πόνους πάσχοιεν οὐδέποτε ἠθύμουν.
5. ὅσους ἂν εὕρητε πρός ἐμέ πέμψατε.
6. οἶδα τοὺς ἀνθρώπους πολλοὺς συνερχομένους ὅπου ἂν ὁ χρυσὸς εὑρίσκηται.
7. πρὸς ἥντινα πόλιν ἔλθοι [ἐκεῖνος] ἐθαυμάζετο.
8. ὅπου τύχοι ὤν, ἀεὶ ἐπιστολὴν ἐμοὶ ἔγραφεν.
9. οἴκαδε πέμψω ὅσοι ἂν δοκῶσιν ἀθύμως ἔχειν.
10. πάντες ὅσοι μὴ φίλοι εἶεν τοῦ Ἱππίου ἐξέπεσον.

Exercise 136 [A].

1. ἐπειδὴ ὁ Δαρεῖος ἀπέθανεν Ἀρταξέρξης βασιλεὺς κατέστη.
2. ὅτε ἐν τῇ Περσικῇ διῆγον, πολλὰ καὶ δεινὰ ἔμαθον.
3. διατελοῦμεν μαχόμενοι ἕως ἂν τὴν πόλιν λάβωμεν.
4. ἐπειδὰν καιρὸς γένηται, ἐπίθεσθε τοῖς πολεμίοις.
5. πρὶν ἀπελθεῖν ταῦτα τοῖς Ἀθηναίοις προσέταξεν.
6. οὐκ ἐτόλμησαν πόλεμον ἡμῖν ἐπιφέρειν ἕως τοὺς στρατηγοὺς ἡμῶν συνειλήφεσαν.
7. ἐπεὶ αἱ πόλεις καθῃρέθησαν, τί ἐγένετο ;
8. φίλος ἡμῶν ἐκλήθη ἕως Ὄλυνθον εἷλεν.
9. ἡσύχαζεν ἕως συμμάχους ἔχοι ἐν τῇ Ἑλλάδι.
10. τοῦτο ἔπρασσον ἕως σκότος ἐγένετο.

Exercise 137 [B].

1. ἕως ἔτι ἔλεγεν οἱ ἄγγελοι ἀφίκοντο.
2. ἕως ἂν ἔλθω αἱ σπονδαὶ μενόντων.
3. δέδοικα μὴ οἱ πολῖται λιμῷ ἀποθάνωσι πρὶν τὰ ἐπιτήδεια εἰσκομισθῆναι.
4. ἐπεὶ τάχιστα ταῦτα διέθεντο ἀπῆλθον.
5. ὁπότε συνέλθοιεν ἐφλυάρουν.
6. ἀφῆκα τοὺς ἀγγέλους πρὶν παύσασθαι λέγοντας.
7. ἐπειδή τι ἐμφάγοιεν ἀνίσταντο καὶ ἐπορεύοντο.
8. μὴ μεταπέμψῃ τὸν ἰατρὸν πρὶν ἂν νοσήσῃς.
9. ἕως ἐν τῷ δεσμωτηρίῳ ἦν, τοὺς φίλους ἑώρα ὁπότε ἐθέλοι.
10. ἀφ᾿ οὗ ἐξῆλθον ἐκ τῶν Ἀθηνῶν οὐδὲν ἀκήκοα περὶ τοῦ πολέμου.

Exercise 138 [A].

1. μὴ πειρώμεθα τὴν πόλιν κατὰ κράτος ἑλεῖν πρὶν ἂν οἱ βοηθοὶ ἀφίκωνται.
2. διετέλουν κατὰ δύναμιν ἀμυνόμενοι ἕως ὁ στρατηγὸς ἐκέλευσεν αὐτοὺς ῥῖψαι τὰ ὅπλα.
3. ἀφ᾿ οὗ πρῶτον Ἀθήναζε ἦλθον, ἕως σὺ ἀφίκου, οὐκ ἐπαυσάμην φοιτῶν παρὰ τὸν Σωκράτη.
4. οὐ δεῖ ὑμᾶς τούτων καταγνῶναι πρὶν ἂν ἀκούσητε ὅτι ἔχουσι λέγειν.
5. ἀεὶ ἐτίμων αὐτὸν ἐξ οὗ ἤκουσα ὅσα τὴν Ἑλλάδα ὠφέλησεν.

Ex. 138—continued.

6. ὅσον οὐκ ἀπέκτεινα αὐτὸν πρὶν ἰδεῖν ὅστις εἴη.

7. οὐχ οἷός τε ἦν χρῆσθαι τῷ ἀργυρίῳ ἕως σύ μοι
ἔγραψας.

8. ἐάν ποτε ἴδω ἐκεῖνον θαυμάζω αὐτὸν τῆς σοφίας.

9. ὁ Ξενοφῶν ἐκέλευσε τοὺς στρατιώτας ἄγειν τοὺς
ἡγεμόνας εἰς τὸ στρατόπεδον ὁπότε τινας εὕ-
ροιεν.

10. ἄλλοι ἄλλοσε διέθεον ἕως ὁ ῥήτωρ προσελθὼν
ἐκέλευσεν αὐτοὺς μὴ φοβεῖσθαι.

Exercise 139 [B].

1. οὐκ ἤθελεν ἀπιέναι ἕως βίᾳ αὐτὸν ἐξελάσειαν [or
ἐξήλασαν].

2. ἐπειδή τινα ὁρῴη ῥᾳθυμοῦντα ἐπετίμησεν αὐτῷ.

3. ἐπεὶ τὰ μακρά τείχη ᾠκοδόμητο οἱ Ἀθηναῖοι ἐπαύ-
σαντο τοὺς Λακεδαιμονίους φοβούμενοι.

4. κατεῖχον τὸ ναυτικὸν ἐν τῷ λιμένι ἕως ἂν αἱ τῶν
πολεμίων νῆες ἀποπλεύσωσι [ἕως ... ἀποπλεύ-

5. πρὶν ἀποκρίνεσθαι φρόντιζε.   (σειαν].

6. οὐ τῷ ἔργῳ ἐπιχειρήσω ἕως ἂν εἰδῶ αὐτὸ πράσσειν.

7. ἐπεὶ οἱ σύμμαχοι ἤρξαντο τὰ χρήματα ἀντὶ τῶν
νεῶν τοῖς Ἀθηναίοις φέρειν, οὐκέτι ἐλεύθεροι
ἦσαν.

8. ὅσον χρόνον ἡ πόλις ἐπολιορκεῖτο οἱ ἔνοικοι δεινό-
τατα ἔπασχον τῇ τοῦ σίτου ἐνδείᾳ.

9. μὴ ἐπανέλθῃς ἕως ἂν τὸ δεύτερόν σε προσκαλέσωσι.

10. εἰς χεῖρας ἦλθον πρὶν ἕτοιμοι εἶναι.

11. ἦραν πρὶν ἀριστοποιήσασθαι.

Exercise 140 [A].

οἱ πολλῷ δὲ ὕστερον, ἐπεὶ ὁ Ἡρακλῆς σχεδὸν ἀφι-
κόμενος πρὸς τὰς Μυκήνας παρὰ τὴν ἀκτὴν ἐπορεύετο,
Ἥρα μέγαν τινὰ κώνωπα ἔπεμψεν ὅς περὶ τὰ κτήνη
πετόμενος ἔδακνεν ἕως ἄλλα ἄλλοσε ἀπέτρεχε. πολλῶν
δὲ εἰς τὴν θάλασσαν εἰσαλομένων ὁ Ἡρακλῆς καὶ αὐτὸς
εἰσαλόμενος πάντα ὅσα λαβεῖν δύναιτο ἀπήγαγε, τὰ
μὲν ἐπισπῶν τοῖς κέρασι τὰ δὲ πρὸ ἑαυτοῦ ἐλαύνων·
τὰ δὲ πολλὰ εἰς τὸν πόντον ἐκνεύσαντα ἀπώλετο πρὶν
ἐκεῖνον δύνασθαι αὐτὰ καταλαβεῖν. ἔπειτα ἐπειρᾶτο
ἀγείρειν πάνθ᾽ ὅσα εἰς τὴν ὕλην ἀπέφυγε, καὶ διετέλει
τοῦτο ποιῶν ἕως δὴ ἀπέκαμε. πάντα δ᾽ ὅσα καταλάβοι
πρὸς τὰς Μυκήνας ἀγαγὼν τῇ Ἥρᾳ ἔθυσεν.

Exercise 141 [A].

ἐὰν διατελῆτε, ὦ ἄνδρες Ἀθηναῖοι, πράσσοντες ἃ νῦν
πράσσετε δι᾽ ὀλίγου οὐκέτι οἷοί τε ἐσόμεθα ἀνθίστασθαι
Φιλίππῳ ἢ κατὰ γῆν ἢ κατὰ θάλασσαν. πάντα γὰρ τὰ
τῆς πόλεως χρήματα ἀναλίσκετε πρὸς τὴν ὑμετέραν
ἡδονήν· εἰ δὲ ἀντὶ τούτου τοῖς αὐτοῖς χρήμασι ναῦς τε
κατασκευάζοιτε καὶ τοῖς στρατιώταις μισθὸν παρέχοιτε,
οὐκέτι ἂν δέοι ἢ Φίλιππον ἢ ἄλλον τινὰ φοβεῖσθαι.
οἱ γὰρ πατέρες ἡμῶν οὐκ ἀπανήλισκον τὰ τῆς πόλεως
χρήματα ἐπὶ τῆς εἰρήνης· δι᾽ ὃ, ἐπειδὴ εἰς πόλεμον

Ex. 141—*continued*.

κατασταῖεν, ἕτοιμοι ἦσαν. εἰ μὲν γὰρ τῇ εἰρήνῃ χρώ-
μενοι μηδὲν ἐφρόντιζον περὶ τοῦ πολέμου, οὐδέποτε ἂν
κάλλιστα, ὡς καὶ ὑμεῖς μέμνησθε, ἐνίκησαν. πρὶν δὲ
τὸν πόλεμον γενέσθαι πάσας τε τὰς ναῦς καὶ τοὺς
ναύτας καὶ τὰ ἐπιτήδεια κατεσκεύασαν οὐδέ ποτε
ἤθελον μίαν δραχμὴν εἰς τὴν ἡδονὴν δαπανᾶν πρὶν
πάντα ταῦτα παρασκευασθείη. ἕως ἂν οὖν καὶ ὑμεῖς
τὰ ὅμοια πράσσητε, οὐδέποτε τὰ ὑμέτερα πράγματα
προχωρήσει.

Exercise 142 [B].

μετὰ δὲ ταῦτα ὁ Ἀλκιβιάδης σφόδρα δὴ ἠθύμει· καὶ
γὰρ πρὶν εἰδέναι τοὺς ἐχθροὺς βεβουλευμένους αὐτὸν
ἀποκτεῖναι, ἔλεγε τῷ ἐπιστολεῖ ὅτι δι' ὀλίγου μέλλει
ἀποθανεῖσθαι. καὶ εἶδε μέν ποτε ὄναρ ἑαυτὸν μὲν ἐν
πυρᾷ κείμενον, πάντα δὲ τὸν δῆμον περιεστῶτα ὡς τῆς
πυρᾶς ἅψοντα. αὐτῆς δὲ τῆς ἐπιούσης νυκτός, μεγάλῳ
τινὶ θορύβῳ ἐγερθείς, εἶδεν ὡς πεντήκοντα ἢ ἑξήκοντα
Μήδους καθεύδοντος αὐτοῦ προσελθόντας καὶ ἤδη
ἅπτοντας τῆς οἰκίας. πρὶν δὲ αὐτοὺς τὸ ἔργον ἐξειρ-
γάσθαι τὴν κεφαλὴν χλαίνῃ ἐγκαλυψάμενος, ἵνα μὴ
τῷ καπνῷ ἀποπνιγῇ, ξίφος τῇ χειρὶ ἔχων ἐξέδραμεν.
εὐθὺς δ' ἐξελθὼν ἐκ τῆς οἰκίας ἤδη καιομένης ἐμπεσὼν
τοῖς Μήδοις ἔτρεψεν αὐτούς. οἱ δὲ ἐς χεῖρας αὐτῷ
ἐλθεῖν οὐκ ἐτόλμησαν, ἀλλά τινες αὐτῶν διὰ πολλοῦ
ἑστῶτες ἐτόξευον [αὐτὸν] ἕως τὸ τέλος ἔπεσεν. οὕτω
δὴ ὁ Ἀλκιβιάδης ἐτελεύτησεν.

Exercise 143 [B].

εὐθὺς δὲ ἄραντες ἀνέμοις ἐναντίοις ἐκωλύοντο καὶ
προσέσχον εἰς τὸν Πύλου κόλπον ἕως ὁ ἄνεμος κατα-
παυθείη. πρὶν μὲν ἀφορμηθῆναι Δημοσθένης ἔπειθε
τοὺς Ἀθηναίους χωρίον τι ἐν τῇ Λακωνικῇ τειχίζειν·
ἤδη δὲ παρασχὸν τοὺς ἄλλους στρατηγοὺς ᾔτει, ἐπειδὰν
αὐτοὶ εἰς τὴν Σικελίαν ἀποπλεύσωσιν, ἑαυτὸν καταλι-
πεῖν ἐν Πύλῳ ὁπλίταις τισὶ καὶ ὀλίγοις ἐφεστηκότα.
παρόντος μὲν οὖν ἔτι πάντος τοῦ ναυτικοῦ οἱ ναῦται
καὶ οἱ ἐπιβάται τείχισμα μικρὸν ᾠκοδόμησαν· ἀπελ-
θόντων δὲ τῶν ἄλλων Δημοσθένης ὀλίγους ὁπλίτας
ἔχων κατελείφθη ὡς τοῦτο φυλάξων. ἐπεὶ δὲ τάχιστα
ταῦτα ἠγγέλθη εἰς Σπάρτην στράτευμά τι ἐπέμφθη ὡς
τὴν Πύλον ληψόμενον· ἀλλ᾽ ἤδη ἰσχυρότερον ἦν τὸ
τείχισμα ἢ ὥστε ῥᾳδίως ἁλῶναι.

Exercise 144 [A].

1. οὐδὲν αὐτοὺς κωλύσει δίκας δοῦναι τῆς δειλίας.
2. οὐ δυνάμεθα εἴργειν αὐτὸν μὴ οὐ γνῶναι ἃ ἐπρά-
ξαμεν.
3. Ξενοφῶν ἐκώλυε τοὺς στρατιώτας διατρίβειν.
4. οἱ Λακεδαιμόνιοι οὐκ ἐδύναντο κωλῦσαι τὸν Παυ-
σανίαν ἰέναι ὅποι βούλοιτο.
5. τί ἐμποδὼν μὴ οὐχ ἡμᾶς πάλιν ἐξαπατᾶσθαι ὑπὸ
Φιλίππου;
6. ἀπεσχόμην μὴ αὐτὸν ἐρωτᾶν, φοβούμενος μὴ
ἀπαρνηθῇ [μὴ] τοῦτο ποιῆσαι.

Ex. 144—*continued.*

7. οὐκ ἐκωλύθησαν θηρεύειν ὅπου βούλοιντο.

8. κατὰ τὴν δύναμιν ἐκώλυον τὸν στόλον ἆραι.

9. οὐκ ἀπεῖπον αὐτῷ μὴ οὐ τοῖς φίλοις διαλέγεσθαι καίπερ ἐν δεσμωτηρίῳ ὄντι.

10. οὐδέν ἐστιν ἐμποδὼν μὴ οὐ τοὺς πολίτας εὐθὺς ψηφίζεσθαι.

11. οὐκ ἀπηρνήθην μὴ οὐχ ἁμαρτεῖν.

Exercise 145 [B].

1. ἆρ' οὐκ ἀπεῖπας τοῖς ὁπλίταις μὴ οὐ διαβῆναι τὸν ποταμόν ;

2. ὁ χειμὼν ἐκώλυσε τοὺς Ἀθηναίους καὶ τοὺς Λακεδαιμονίους [τοῦ] πολεμεῖν.

3. οὐδὲν ἐμποδών ἐστι τοῖς φυγάσι μὴ οὐ κατιέναι.

4. ἐκωλύθησαν τῷ φόβῳ αἰτιᾶσθαι Ἀλκιβιάδην.

5. ἀπεῖπον τῷ δήμῳ μὴ ἐκβαλεῖν ὑμᾶς.

6. μηδεὶς ἀπαρνείσθω ποτὲ ἡμᾶς μὴ οὐ κατὰ δύναμιν ὠφελῆσαι τὴν πόλιν.

7. πᾶσιν ἡμῖν συμφέρει κωλῦσαι τοὺς ξένους [τοῦ] κακὰ πάσχειν.

8. ἐὰν ἐν τῇ ἡμετέρᾳ πόλει μένωσιν, οὐδὲν ἐμποδὼν ἔσται μὴ οὐ ψηφίζεσθαι αὐτοὺς ἐν τῇ ἐκκλησίᾳ.

9. τὸ μὴ ἔχειν λιμένα ἀγαθὸν ἐκώλυσε τοὺς Λακεδαιμονίους μέγα δύνασθαι κατὰ θάλασσαν.

10. τὸ φιλοπόλεις εἶναι ἔσωσε τοὺς Ἕλληνας τοῦ ὑπὸ τῶν Μήδων ἡσσᾶσθαι.

Exercise 146 [A].

1. οἱ τριήραρχοι κατεκρίθησαν ὡς οὐ πειραθέντες σῶσαι τοὺς ναύτας.

2. ὡς τάχιστα ἐπορεύοντο ὥστε οὐδεὶς ἐλήφθη ὑπὸ τῶν πολεμίων.

3. βραδέως προὐχώρουν ὅπως μὴ πρὸ τῆς ἕω ἀφί- κοιντο.

4. τὸ μὴ λέγειν πολλάκις χεῖρόν ἐστιν ἢ τὸ ἀσκέπτως λέγειν.

5. ἤδη ταῦτα οὐκ ἐφ' ἡμῶν γενόμενα.

6. ὁπότε ὁ στρατηγὸς μὴ αὐτὸς παρείη ὁ στρατὸς κακὰ ἔπασχεν.

7. καίπερ αὐτὸς οὐ στρατιώτης ὤν, ᾔδει στρατεύ ματος ἡγεῖσθαι ὁπότε τι δέοι.

8. τῶν νεῶν οὐκ ἐπανελθουσῶν οἱ πολῖται ἠθύμουν.

9. οὐκ ἐδυνάμην ἀπαρνεῖσθαι μὴ οὐκ αὐτὸς ὑποσχέ- σθαι παρέσεσθαι.

10. ἆρ' οὐ τοῦτον ἐμίσεις καίπερ οὐδέν σε ἀδικήσαντα;

11. εἰ μὴ ἐν καιρῷ ἀφίκοντο πᾶν τὸ στράτευμα ἂν ἀπώλετο.

12. οὐ μὴ ὑμᾶς βλάψωσιν ἐὰν μὴ παροξύνητε αὐτούς.

13. ὁ μὴ πειθόμενος [ἐάν τις μὴ πείθηται] τοῖς νόμοις κολάζεται.

14. οἱ μὴ ἐθέλοντες μάχεσθαι πάντες ἐν τῷ στρατοπέδῳ μενόντων.

Exercise 147 [B].

1. μὴ οἴεσθε αὐτὸν οὐ πιστὸν εἶναι.

2. τὸ μὴ πείθεσθαι σφαλερώτατόν ἐστιν ἐν τῷ στρατεύματι.

3. οὐκ ἰσχύων ἔτι βαδίζειν ἀνεπαύσατο.

4. καίπερ οὐ νικήσαντος τοῦ στρατοῦ οἱ μὴ ἐν τῇ μάχῃ ἀποθανόντες οἴκαδε ἐσώθησαν.

5. μετὰ ταῦτα οἱ Ἀθηναῖοι οὐκέτι ἀπεῖπον αὐτῷ μὴ οὐ κατιέναι.

6. φοβοῦμαι μὴ οὔπω μοι πιστεύεις.

7. οὐκ ἂν ἐπιτρέποιμί σοι εἰ μὴ πρότερον ἐξηγήσαιο διὰ τί ἐθέλεις αὐτὸν τιμωρήσασθαι.

8. ἀνδρὸς ἀναιδοῦς ἐστι τὸν πατέρα μὴ φιλεῖν.

9. ἆρα μὴ ταύτης τῆς τέχνης ἐπιστήμων εἶ ;

10. οὐ μὴ τὸ ἐπ' ἐμὲ πάθῃς μηδέν.

11. ἀπεστράφη οὐδὲν ἀποκρινάμενος, ὥσπερ οὐ σαφῶς ἃ εἶπον ἀκούσας.

12. πολλὰ ἥμαρτε διὰ τὸ μὴ πρότερον στρατῷ ἐφεστάναι.

13. οἱ μὴ εὖ λέγοντες οὐ τιμῶνται Ἀθήνησιν.

14. ὅσα μὴ νῦν οἶσθα ταχέως μαθήσει.

Exercise 148 [A].

οὐδὲν ἔτι ἐμποδὼν ἦν μὴ οὐ πᾶσαν τὴν στρατίαν ἀπολέσθαι. γνόντες γὰρ τὸν Νικίαν κωλύσαντα τὸ στράτευμα ἆραι, ἐλπίδος ἔτι οὔσης τοῦ σώζεσθαι, οἱ μὲν πολέμιοι μᾶλλον ἤδη ἐθάρρουν οἱ δὲ Ἀθηναῖοι

Ex. 148—continued.

δεινὸν ἐποιοῦντο καὶ ἠθύμουν. καὶ μὴν τοσούτου περιεστῶτος τοῦ κινδύνου ὁ Νικίας κατὰ δύναμιν ἐθάρσυνε καὶ παρεμυθεῖτο τοὺς στρατιώτας καίπερ εὖ εἰδὼς αὐτός γε μόνος αἴτιος ὤν. οὐκοῦν ἐδεήθη αὐτῶν μὴ ἀθύμως ἔχειν, αὐτὸς γὰρ οὐκ οἴεσθαι τοὺς Συρακοσίους οἵους τε εἶναι κωλῦσαι αὐτοὺς [τοῦ] κατελθεῖν πρὸς τὴν ἀκτὴν, καὶ εἰ πολλὰ καὶ δεινότατα ἐν τῇ ὁδῷ πάσχοιεν. ἀλλὰ τῷ ὄντι σχεδὸν ἤλπιζέ τινα τοιαῦτα φάσκων πείσειν· καίπερ γὰρ πάντων ἑτοίμων ὄντων ποιεῖν ὅτι κελεύοι, κατὰ τὸ εἰκὸς οὐδεὶς ὅστις οὐκ ᾔδειν ἀνελπίστως ἔχειν τὰ πράγματα.

Exercise 149 [A].

χρόνῳ δὲ ὕστερον ἐμυθολογεῖτο τὸν Θεμιστοκλέα πολλούς τε πόνους καὶ κινδύνους ὑποστάντα τέλος πρὸς τὴν Ἔφεσον ἀφικέσθαι καὶ ἐκεῖθεν ὧδε γράψαι βασιλεῖ· ἔγωγε, Ἀθηναῖος ὤν, ὥς σε ἥκω—πλεῖστα μὲν βλάψας τοὺς Μήδους ἕως ἀνάγκη ἀντιστάμην τῷ σῷ πατρί, πλεῖστα δὲ καὶ ὠφελήσας αὐτὸν ἐπειδὴ ἐκώλυσα τοὺς ἄλλους Ἕλληνας μὴ λῦσαι τὴν τοῦ Ἑλλησπόντου γέφυραν, πορευομένου αὐτοῦ ἀπὸ τῆς Ἀττικῆς πρὸς τὴν Ἀσίαν. οὐδέποτε μὲν ἂν ἠδίκησα αὐτὸν, ἑκών γε εἶναι· νῦν δὲ ἐνθάδε πάρειμι, πλεῖστα μέν σε εὐεργετεῖν ἐπιστάμενος, ὑπὸ δὲ τῶν Ἑλλήνων διωκόμενος ὡς ἐθέλων σοὶ χαρίζεσθαι. δέομαι οὖν σου κωλῦσαι τοὺς ὑπηκόους τοῦ κακὰ ἐμὲ δρᾶν, καὶ ἐᾶσαι μένειν ἐνθάδε ἕως ἂν ἔχω σαφέστερον ἐξηγεῖσθαι ὅπως

Ex. 149—*continued.*

μάλιστα τιμωρήσῃ τοὺς ἐναντίους. ὡς οὖν εἶδε τὸν
βασιλέα διετέλει μὲν πρὸς τῇ ἀκτῇ διάγων, ἐξέπραξε
δ' οὐδὲν ὡς τὴν ὑπόσχεσιν ἀποδώσων, ἕως τὸ τέλος
ἐβιάσατο αὐτὸν ὥστε μὴ μάτην κομπάσας ἐλεγχ-
θῆναι.

Exercise 150 [B].

ἡ μὲν βουλὴ προεβούλευσε μὴ κατὰ τὸ εἰωθὸς τοὺς
ὑπὸ τοῦ Φανοσθένους ληφθέντας ἀπολυτροῦν ὡς οὐ
πολεμίους ὄντας ἀλλὰ τῇ μητροπόλει ἐπιβουλεύσαντας·
ἐκ Θουρίων γὰρ ἦλθον ἀποικίας οὔσης τῶν Ἀθηναίων.
τοῦτο δὲ τὸ προβούλευμα οὐκ ἐξῆν ἔργῳ περαίνειν
μὴ ὑπὸ τῆς ἐκκλησίας κυρωθέν. ἐπειδὴ οὖν ἡ ἐκ-
κλησία ἐποιήθη ῥήτωρ τις Εὐμήδης ὀνόματι ἔπειθε
τὸν δῆμον τῶν Θουρίων μὴ φείδεσθαι. τῶν γε Μηλίων
ἀποστάντων, ἔφη, ὦ ἄνδρες Ἀθηναῖοι, πάντας τοὺς
ἄνδρας ἀπεκτείνατε, καίπερ οὐκ ὄντας συγγενεῖς ὑμῶν
οὐδὲ συμμάχους. τί νῦν ἐμποδὼν μὴ οὐ παρὰ τῶν
Θουρίων τὴν αὐτὴν δίκην λαβεῖν πολλῷ μείζονα
ἀδικίαν ὀφλόντων;

Exercise 151 [B].

ἐκωλύθη μέντοι ἡ ἐκκλησία μὴ εὐθὺς ψηφίζεσθαι
ὑπὸ πολίτου τινὸς ἀναμιμνήσκοντος οὐ κατὰ νόμον
εἶναι καὶ πολεμίων κατακρίνειν μὴ ἀπολογησαμένων.

Ex. 151—continued.

εἰσήχθησαν οὖν οἵ τε ἄλλοι δεσμῶται καὶ Ῥόδιός τις
Δωριεὺς τὸ μέγεθος εὐπρεπέστατος ὢν καὶ γνώριμος
ἀνὰ πᾶσαν τὴν Ἑλλάδα ἄλλως τε καὶ ἐν τοῖς Ὀλυμ-
πίοις τρὶς τὸ παγκράτιον νικήσας. καὶ τούτου δὴ
παριόντος οὐκ ἀπείχοντο οἱ πολῖται μὴ οὐκ ἀναθορυ-
βεῖν, οὐδὲ ὁτιοῦν ἄλλο ἐῶντες τὸν Εὐμήδην λέγειν
ἐψηφίσαντο μὴ μὲν κωλύειν τὸν Δωριέα ἀπελθεῖν ὅποι
ἂν βούληται ἐὰν δὲ μὴ ἐθέλῃ ἀπιέναι ἐξεῖναι αὐτῷ
διάγειν Ἀθήνησι ξένῳ ὄντι τοῦ δήμου. εἰ δὲ μὴ παρῆν
ὁ Δωριεὺς οὐδὲν ἐκώλυσεν ἂν τοὺς δεσμώτας [τοῦ] τῇ
αὐτῇ ἡμέρᾳ ἀποθανεῖν.

Exercise 152 [*A*].

1. πότε ἄρωμεν ;
2. ἐκεῖ ἄμεινον ἂν ὁρῷμεν.
3. ἐφοβούμην μὴ ἀφέλοιεν ἡμᾶς τὰ χρήματα.
4. ἄνδρας ἐξαιροῦ οἵτινες ταύτης τῆς στρατείας ἡγή-
σονται.
5. ἐπυθόμεθα ὅτι αὐτῷ ἐγκαλοῦσιν.
6. μὴ ἀφύλακτον ἀφῇς ταύτην τὴν πύλην.
7. ἐάν ποτε ἀδικῆται, τιμωρεῖται τὸν ἀδικήσαντα.
8. εἴθε εὐτυχοίης ἐὰν μετὰ Κύρου στρατεύσῃς.
9. φρονιμώτερος ὢν ἂν φαίνοιτο εἰ οἴκοι καταμένοι.
10. σπεύδωμεν, εἰ ἐθέλομεν τοὺς ἄλλους φθάσαι ταῦτα
ἀγγείλαντες.

Exercise 153.

1. διὰ τί ἐπιστήμονά τινα οὐχ αἱρεῖται ὥστε ἐκτελέσαι τὸ ἔργον, ἔγωγε οὐκ ἐπίσταμαι.

2. προσεκάλεσε πρὸς ἑαυτὸν πάντας ὅσους εἰδείη βεβαίους ὄντας.

3. ἆρα βούλει ἑτοῖμος ὦ τήμερον ;

4. οὕτως ἐτάχθη τὸ στράτευμα ὡς τοὺς ἱππέας ἀποκρουσόμενον.

5. ἤρετο εἰ ὁ στρατηγὸς αὐθήμερον ἀφίξεται.

6. ῥᾳδίως ἐκπράξειας τὸ ἔργον.

7. μὴ ἀπέλθῃς ἄπρακτος.

8. αἰσχυνοίμην ἄν, ὦ δικασταί, εἰ τῷ κλαίειν τύχοιμι τοῦ ἐλέου.

9. ἐάν ποτε ἄξιος ὦ δίκην διδόναι, ἐθέλω ὑπέχειν.

10. ὅποσα ἀδικοίη οὐδέποτε ἐξηλέγχθη.

Exercise 154 [A].

ἐπεὶ οὖν ὁ Λαοδάμας, βασιλεὺς ὢν τῶν Θηβῶν, ἤκουσεν ἐπιόντας τοὺς Ἐπιγόνους ὡς τοῖς πατράσι τιμωρήσοντας, καθοπλίσας τοὺς πολίτας ἐπ᾽ αὐτοὺς ἐξῄει, καὶ πρὸ τῶν πυλῶν ἐμάχοντο. οἱ μὲν οὖν Ἐπίγονοι ἅτε τῶν πατέρων μεμνημένοι ἀνδρειότερον προσέβαλον· οἱ δὲ Θηβαῖοι καίπερ βεβαίως τό γε πρῶτον ἀνθιστάμενοι, ὅμως ἐπεὶ ὁ βασιλεὺς ὑπὸ τοῦ Ἀλκμαίωνος ἀπέθανεν ἀθυμοῦντες εἰς τὴν πόλιν κατέ-

Ex. 154—continued.

φυγον. οἱ δ᾽ αὖ Ἐπίγονοι πρὸς ταῖς Θήβαις ἐστρατο-
πεδεύσαντο εἰπόντες ὅτι οὐ παύσονται τῆς πολιορκίας
ἕως ἂν ἕλωσι τὴν πόλιν. ἐν δὲ τούτῳ οἱ Θηβαῖοι
ἐβουλεύοντο ὅπως κράτιστα σώζωνται. καὶ τὸ τέλος,
πείθοντος τοῦ μάντεως Τειρεσίου, ἔδοξε λάθρᾳ ἐξιέναι
ἐκ τῆς πόλεως πάντα τὰ κτήματα ἔχουσιν ὅσα φέρειν
δύναιντο. καὶ ταῦτα δὴ ἐξέπραξαν τῶν Ἐπιγόνων
εὐωχουμένων ἔτι καὶ χαιρόντων μετὰ τὴν μάχην, ὥστε
πᾶσα ἡ πόλις ἠρημώθη πρὶν αἰσθέσθαι τινὰ τῶν
πολεμίων τὰ γιγνόμενα.

Exercise 155 [B].

ἔδοξεν οὖν αὐτοῖς ἀναχωρεῖν, φοβουμένοις μὴ πορ-
ρωτέρω εἰς τὴν ἔρημον χώραν πορευθέντες ἔτι δεινότερα
πάσχωσι τῇ τῶν ἐπιτηδείων ἐνδείᾳ. τρισχίλιοι μὲν
δὴ ἐν τῇ μάχῃ ἀπέθανον· πολλῷ δὲ πλείονες ἀπώλοντο
ἀναχωροῦντες. οὕτω γὰρ ἐπιέζοντο ὥστε τούς τε
νοσοῦντας καὶ τὰ σκεύη κατέλιπον ἐν ἄστει τινὶ ὀλίγους
φρούρους ἔχοντι· οἱ δὲ ἐπολιορκοῦντο μὲν πάντα τὸν
χειμῶνα τέλος δὲ ἐσώθησαν τῷ ἐπιγιγνομένῳ ἔτει,
σχεδὸν ἔτι οἷοί τε ὄντες ἀμύνεσθαι καὶ ὅσον οὐκ ἐνδώ-
σοντες. ἄλλην μὲν δὴ στρατείαν ὁ Ξέρξης παρεσκευά-
σατο, πρὶν δ᾽ ἆραι πρέσβεις ἀφίκοντο ὑπὸ τῶν Σκυθῶν
πεμφθέντες ὡς σπονδὰς ποιησόμενοι. συνέβησαν οὖν
ἐφ᾽ ᾧτε ὁμήρους δοῦναι μηδὲ εἰς τὴν Περσικὴν ἐσβαλεῖν
ἀλλὰ φίλοι γενέσθαι τῶν Περσῶν. οὕτω δὴ ὁ πόλεμος
ἐτελεύτησε.

Exercise 156 [A].

ὁ δὲ Νικίας τοὺς μὲν Ἀθηναίους ἐν τῷ δεξιῷ κέρᾳ
ἔταξε, τοὺς δὲ τῶν Σικελῶν συμμάχους ἐν τῷ εὐωνύμῳ,
ᾗπερ διὰ τὸν λόφον οὐκ ἤμελλον τῆς μάχης μετέχειν·
μάλα γὰρ ἐφοβεῖτο μὴ ἡσσηθέντων τῶν Ἀθηναίων οἱ
Σίκελοι πρὸς τοὺς πολεμίους αὐτομολοῖεν· ἀλλὰ πρὶν
τὴν μάχην γενέσθαι τοῖς Ἀθηναίοις ἔλεξε τάδε· αὐτοὶ
μὲν ὑμεῖς, ὦ ἄνδρες Ἀθηναῖοι, αἰσθάνεσθε ὅσῳ ἐν
κινδύνῳ ἐσμέν, ἐγὼ δὲ αἴτιος ὢν σύνοιδα ἐμαυτῷ. ἀλλὰ
πάντες ἀναμέμνησθε ὅσα ὑπὸ τῶν πατέρων ἡμῶν
ἐξειργάσθη Μαραθῶνι τοὺς Μήδους τρεψάντων. εἴθ'
ὤφελεν ὁ Μιλτιάδης τῇδε τῇ ἡμέρᾳ παρεῖναι στρατηγός.
ἀλλ' ὅσον γε δύναμαι τὸ στρατηγῷ προσῆκον καὶ ἐγὼ
ποιήσω καὶ οἱ θεοί, ὥς γ' οἶμαι, ἡμῖν συμμαχοῦνται.

Exercise 157 [B].

τί ἂν ἐγένετο εἰ ὁ Ἀλέξανδρος εἰς Ἰταλίαν εἰσέβαλεν
ἐν ἀκμῇ ὢν τῆς ῥώμης; κατὰ μὲν Ῥωμαῖόν τινα
συγγραφέα οἱ Ῥωμαῖοι τό γε τέλος περιεγένοντο ἂν καὶ
εἰ ἐνίοτε ἐνικήθησαν. οὗτοι μὲν γὰρ οἴκοι γε ἂν ἐμά-
χοντο ἱκανὰ τὰ ἐπιτήδεια καὶ ἱκανοὺς τοὺς συμμάχους
ἔχοντες· ὁ δὲ Ἀλέξανδρος, εἰ πολλοὺς ἀπώλεσεν, ἠναγ-
κάσθη ἂν πολὺν χρόνον ἐπιμένειν πρὶν τὴν βοήθειαν
λαβεῖν. πρὸς δὲ τούτοις οἱ μὲν Ῥωμαῖοι καὶ πρότερον
πολεμοῦντες ἐπὶ τὸν Πύρρον καὶ τὸν Ἀννίβαν καίπερ
πολλάκις νικηθέντες ἐφάνησαν οὐδέποτε ἀθυμοῦντες·
καίπερ δὲ στρατηγὸν οὐκ ἐχόντων τοιοῦτον οἷον ἐν
μάχῃ τὸν Ἀλέξανδρον νικᾶν, ὅμως οἱ στρατιῶται αὐτῶν
ἄριστοι ἦσαν πάντων, ὡς ἐλεύθεροι ὄντες πολῖται καὶ
ὑπὲρ τῆς πατρίδος καὶ τῆς ἐλευθερίας μαχόμενοι.

Exercise 158 [*A*].

1. εἰ γὰρ ἀπέθανον πρὶν ἰδεῖν τὴν ἡμετέραν πόλιν καταστραφεῖσαν.
2. μὴ τοσαῦτα κακὰ μηδέποτε πάσχοις ὅσα ἄλλους ἔδρασας.
3. εἴθ᾽ ὤφελεν ὁ Μιλτιάδης ἔτι ἡμῶν στρατηγεῖν.
4. κομίζοιτε, ὦ ἄνδρες στρατιῶται, τοὺς τῆς νίκης καρπούς.
5. εἴθε μὴ στρατηγός ποτε ἐποιήθην.
6. εἴθε εἰς τὸν λιμένα ἀφικοίμεθα πρὶν ἐμπεσεῖν ἡμῖν τὸν χειμῶνα.
7. οἱ Ἀθηναῖοι οὐκ ὤφελόν ποτε τὴν στρατείαν ἐπὶ τὰς Συρακούσας ἐκπέμψαι.
8. μή ποτε ἐντύχοις τῷ τὸν σὸν πατέρα προδόντι.
9. εἴθε φθάσαντες ἤλθομεν πρὸς τὴν πόλιν.
10. εἰ γὰρ ὤφελεν ὁ Δημοσθένης ζῆν ἔτι ὡς ἡμᾶς ἐν τῷ πολέμῳ θαρσυνῶν.

Exercise 159 [*B*].

1. εἴθ᾽ ὤφελον ζῆν ἐπὶ τοῦ Περικλέους.
2. εἰ γὰρ μηδέ ποτε οἱ ἀμφὶ τὸν Ἰάσονα ἀφωρμήθησαν.
3. εἴθε ταύτην τὴν ἅμιλλαν νικῴης.
4. εἰ γὰρ παρῆν ὁ Μιλτιάδης στρατηγός.
5. εἰ γὰρ ὤφελον ἐκείνῃ τῇ ἡμέρᾳ ἀπολέσθαι.
6. μὴ μάθοις ποτὲ ὅστις εἶ.
7. εἰ γὰρ, ὦ παῖ, ἀντὶ σοῦ ἀπέθανον.

Ex. 159—continued.

8. εἰ γὰρ ἡμεῖς Ἕλληνες ὄντες ἐπορευόμεθα ἐπὶ Σοῦσα
μηδ᾽ ἐπὶ τὰς Θήβας.

9. εἴθ᾽ ὤφελεν ὁ παῖς τῷ πατρὶ ὅμοιος εἶναι.

10. μηδέποτε ἡμεῖς τὰ τοιαῦτα ὁρῶμεν ἐν ταῖς Ἀθήναις
γιγνόμενα.

Exercise 160 [A].

1. σαφῶς οἶδα νικήσαντες ἂν εἰ τὸ στράτευμα ἐτά-
ξαμεν ἐπιστημονέστερον.

2. ὑπέσχετο μηκέτι ἁμαρτήσεσθαι ἐὰν αὐτὸν ἀφῶσι.

3. εἶπεν ὅτι εἴ τις ἀμαθής ἐστιν εὐδαίμων ἐστί.

4. ὑπέσχετό μοι ἀπαντήσεσθαι ἐὰν αὐτῷ εἴπω ὅποτε
ἀφίξομαι.

5. ἐνόμιζον εἰ αὐτοὶ τοὺς ληφθέντας ἀποδοῖεν τοὺς
Λακεδαιμονίους τὴν Ἀμφίπολιν ἂν ἀποδοῦναι.

6. ἤλπιζον ταύτης τῆς ἁμίλλης μετασχεῖν ἂν εἰ μὴ
ἐκωλύθην τοῦ παρεῖναι.

7. ἀπεκρίναντο πεισθῆναι ἂν τῷ βασιλεῖ εἰ ἦσαν
ὑπήκοοι αὐτοῦ.

8. ὁ στρατηγὸς ἀπελογεῖτο ὅτι οὐκ ἂν παρέδωκε τὴν
πόλιν εἰ οἱ βοηθοὶ ἦλθον, ὡς οἱ Ἀθηναῖοι ὑπεσ-
χοντο.

9. οἶδα τὸν Πεισίστρατον οὐκ ἂν ἐῶντα τὰ τοιαῦτα
εἰ τύραννος ἦν τῶν Ἀθηνῶν.

10. ἐνόμιζον Κλέωνα εἰ τοὺς ἐν Σφακτηρίᾳ Λακεδαι-
μονίους λάβοι ὠφελῆσαι ἂν τοὺς Ἀθηναίους
μᾶλλον ἢ Νικίαν.

Exercise 161 [B].

1. πέπεισμαι ἡμᾶς νικῆσαι ἂν εἰ ἄλλον τινὰ στρατηγὸν εἴχομεν.

2. ὑπέσχοντο κατιέναι εἰ ὁ πόλεμος παυθείη.

3. ἐφοβούμην μὴ κακῶς πάσχοιεν εἰ ὑπήκοοι γένοιντο τῶν Μήδων.

4. πιστεύω αὐτὸν ἔτι ἂν ζῆν εἰ μὴ τοιαῦτα ἔπαθεν.

5. δῆλοι ἦσαν ἀπολούμενοι εἰ μὴ βοηθήσαιμεν αὐτοῖς.

6. ἀπεκρίναντο ἀποδοῦναι ἂν τὰ χρήματα εἴ τι ἔδει.

7. πιστεύω αὐτοὺς ἂν δυνηθῆναι σῶσαι τὴν πόλιν εἰ ἐς καιρὸν ἀφίκοντο.

8. φανεροὶ ἦσαν μέλλοντες ἡμῖν ἐπιθήσεσθαι εἰ τὸν ποταμὸν διαβαῖμεν.

9. εὐθὺς αὐτοῖς ἐπεθέμεθα ἂν εἰ κατὰ τοῦ ὄρους κατέβησαν.

10. ὤμοσαν τὴν πόλιν τῷ λιμῷ προσάξεσθαι εἰ μὴ δύναιντο βίᾳ ἑλεῖν.

Exercise 162 [A].

ὁ νόμος κελεύει, ὦ Ἀθηναῖοι, εἴ τις τὸν δῆμον ἠδίκηκε, τοῦτον πρῶτον μὲν καταδεθῆναι καὶ ὑπὸ τοῦ δήμου εἰς κρίσιν καταστῆναι· ἔπειτα δὲ ἐὰν ἐλεγχθῇ αὐτὸν ἀποθανεῖσθαι καὶ πάντα τὰ κτήματα δημόσια εἶναι. τί οὖν οὕτω λίαν ἐπείγεσθε ταῦτα ἐκπρᾶξαι; ἆρα οἴεσθε ἐὰν τὸ ψηφίζεσθαι ἀναβάλητε εἰς τὴν

Ex. 162—*continued.*

αὔριον τοῦτον τὸν νόμον φθήσεσθαι καταλυθέντα; οὐ
μᾶλλον δεῖ φοβεῖσθαι μὴ εἰ τύχῃ τινὶ ἄνδρα ἀναίτιον
ἀποκτείναιτε ὀψὲ ὑμῖν μεταμελήσῃ; εἰ γὰρ ὑμεῖς,
ὦ 'Αθηναῖοι, μὴ ἐδύνασθε τῶν τοιούτων μεμνῆσθαι
ἐν τῷ παρελθόντι χρόνῳ πραχθέντων. ἐγὼ μὲν ἀξιῶ
ὑμᾶς δικαιότερον ἂν πρᾶξαι εἰ τούτους στεφάνοις
τιμῷτε· ἐὰν δ' οὖν τὸ διακρίνεσθαι εἰς τήν γε αὔριον
ἀναβάλητε, ἐξέσται καὶ τότε τοὺς στρατηγοὺς ἀποκ-
τεῖναι ὁποίῳ ἂν τρόπῳ δόξῃ.

Exercise 163 [*A*].

ἔφασκε δὴ ὁ Κλέων, εἰ μόνον στρατηγὸς ὑπὸ τῶν
'Αθηναίων ποιηθείη, εἴκοσιν ἡμερῶν τήν τε Σφακτηρίαν
αἱρήσειν καὶ τοὺς Λακεδαιμονίους ἁλόντας 'Αθήναζε
ἄξειν. εἰ μὲν γὰρ οἱ τότε στρατηγοῦντες ἐπειρῶντο ὡς
μάλιστα ὠφελεῖν τὴν πόλιν, πολλῷ γε πρὸ τοῦ αἱρεθῆ-
ναι ἂν τὴν νῆσον· ἐὰν δὲ αὐτὸν πέμψωσιν οὐδέ ποτε
αὐτοῖς μεταμελήσειν. πολλοῖς γε μὲν ἐδόκει καίπερ
ταῦτα λέξας οὐ τῷ ὄντι βούλεσθαι αὐτοὺς πεῖσαι. ὁ δ'
οὖν δῆμος, χαλεπῶς δὴ φέρων τὰ παρόντα, εὐθὺς
ἐψηφίσατο αὐτὸν στρατηγεῖν. εἰ μὲν ἐκεῖνοι μακρό-
τερον ἐνεθυμήθησαν κατὰ τὸ εἰκὸς οὐκ ἂν τοῦτο
ἔπραξαν· ὁ δ' οὖν Κλέων τὴν ὑπόσχεσιν ἀποδοὺς
'Αθήναζε ἐπανῆλθεν νικήσας.

Exercise 164 [B].

οἱ δὲ στρατιῶται, οἳ πάλαι δῆλοι ἦσαν δεινὸν ποιού-
μενοι, τὸ τέλος εἶπον ὅτι οὐκέτι πείσονται τοῖς ἄρχουσιν,
ἐὰν μὴ λέγωσιν ὅποι πορεύονται. οὐ γὰρ ἔφασαν οὐδέ-
ποτ' ἂν ὁρμηθῆναι εἰ μὴ ὁ στρατηγὸς ὑπέσχετο τοῦτο
ἐρεῖν ἐπειδὴ τοὺς ἑαυτῶν ὅρους ὑπερβαῖεν. ἐνταῦθα δὴ
ἀπεκρίνατο ὁ στρατηγὸς αὐτοὺς μὲν τὰ ἀληθῆ λέγειν,
ὅμως δὲ οὐ συμφέρειν αὐτοῖς εἰδέναι πάνθ' ὅσα δια-
νοοῖτο, ἵνα μὴ τύχῃ τινὶ μηνύοιτο τοῖς πολεμίοις· ἀλλ'
εἰ αὐτῷ πείθοιντο οὐ μεταμελήσειν αὐτοῖς. καὶ ἀπέ-
δειξεν ὡς ἄφρονες εἶεν εἰ τὴν ἐλπίδα τῆς δόξης καὶ τοῦ
πλούτου μεθεῖεν ἅτε οὐκ ἐθέλοντες ἐπιμένειν ἕως αὐτῷ
δόξειε πάντα ἐξηγεῖσθαι.

Exercise 165 [B].

ὑπολαβὼν δὲ Ξενοφῶν, Ὦ Καλλία, ἔφη, εἰ τῷ
Τισσαφέρνει δοκοίη, Κλέαρχός τε καὶ πάντες οἱ στρα-
τηγοὶ συλληφθέντες ἀποθάνοιεν ἂν πρὶν ἡμᾶς αὐτοῖς
βοηθεῖν. καὶ ἔτι λέγοντος αὐτοῦ ἤκουσαν κραυγῆς τε
καὶ θορύβου ἐν τῷ στρατοπέδῳ γιγνομένου, καὶ ἐκδρα-
μόντες ὡς τὴν αἰτίαν πευσόμενοι ἐνέτυχον λοχαγῷ τινι
Ἀρκάδι δεινῶς τρωθέντι· ὁ δὲ ἅμα προστρέχων ἐβόα
ὅτι Κλέαρχός τε τέθνηκε καὶ οἱ ἄλλοι συνειλημμένοι
εἰσίν. εὐθὺς δὲ οἱ μὲν Ἕλληνες τὰ ὅπλα ἔλαβον
φοβούμενοι μὴ ὅλον τὸ τῶν Περσῶν στράτευμα ἐπίῃ.
βασιλεὺς δὲ εὖ εἰδὼς τοὺς τῶν Ἑλλήνων ὁπλίτας
πολλῷ διαφέροντας τῶν ἑαυτοῦ ἱππέων ἐβουλεύσατο, εἰ
τι πράσσειν δόλῳ δύναιτο, μὴ χρῆσθαι τῇ βίᾳ.

Exercise 166 [*A*].

1. πάντες χαλεπῶς ἐφέρομεν τὸ ταῦτα κρύπτεσθαι.
2. πρέσβεις τινὲς ἐπέμφθησαν κωλύσοντες τὰ τείχη οἰκοδομεῖσθαι.
3. οὐδεὶς οὐκέτι οἷός τε ἦν κωλῦσαι τὸν Φίλιππον [τοῦ] καταστρέφεσθαι τὴν Ὄλυνθον.
4. καίπερ αὐτὸς οὐ γιγνώσκων αὐτὸν, ἀεὶ ἀκήκοα δεινότατον ὄντα λέγειν.
5. οὐκ ἔχω λέγειν διὰ τὸ μὴ αὐτὸς παρεῖναι.
6. οὐκ ἀπαρνεῖται μὴ οὐ μετασχεῖν τοῦ πολέμου.
7. ἐκωλύσαμεν αὐτὸν [τοῦ] κατιέναι πρὶν τὸν πόλεμον τελευτῆσαι.
8. ἀπεῖπον αὐτῷ μὴ ἐλθεῖν καίπερ ἑτοίμῳ ὄντι ὠφελεῖν αὐτούς.
9. οὐκ ἀπαρνήσομαι μὴ οὐκ εἰς καιρὸν ἀφικέσθαι.
10. χαλεπώτατα ἐφέρομεν τὸ αὐτοὺς μὴ πρότερον ἡμᾶς μεταπέμψασθαι.
11. παρέδομεν αὐτοῖς ταύτας τὰς ναῦς χρῆσθαι ὅπως ἐθέλοιεν.
12. ὑπέσχοντο ἀποδώσειν τοὺς ὁμήρους ἐφ᾽ ᾧτε τοὺς Θηβαίους μὴ λῦσαι τὰς σπονδάς.

Exercise 167 [*B*].

1. παρέδωκαν ἡμῖν ταῦτα τὰ τέκνα τρέφεσθαι.
2. ἡμῖν ἐξῆν κατιέναι ἐφ᾽ ᾧτε μὴ μετέχειν τῶν τῆς πόλεως πραγμάτων.

Ex. 167—*continued*.

3. ἐλευθεριώτερος ἦν ἢ ὥστε τὸν ἐχθρὸν τιμωρήσασθαι.

4. ἐξέπεσεν ἐκ τῶν Ἀθηνῶν διὰ τὸ αὐτὸς τῆς προδοσίας ἐλεγχθῆναι.

5. παρέδωκαν τὴν πόλιν τοῖς μισθοφόροις φυλάσσειν.

6. οὐκ ἐπειρᾶτό ποτε κωλύειν τὸν υἱὸν [τοῦ] ποιεῖν ὅτι βούλοιτο.

7. οὕτω γενναῖος ὢν ἐφάνη ληφθεὶς ὁ στρατηγὸς ὥστε μηδένα ἢ λέγειν ἢ θορυβεῖν αὐτοῦ διὰ τῆς πόλεως ἐλαύνοντος.

8. μέγας χειμὼν γενόμενος ἠνάγκασε πάσας τὰς ναῦς εἰς τὸν λιμένα καταφυγεῖν.

9. οὐδεὶς ἀπηρνήθη ποτὲ μὴ οὐ παραδοτέον εἶναι ἡμῖν τὴν πόλιν.

10. οἱ ἔφοροι συνῆλθον διακρινούμενοι περὶ τοῦ ἐκ τῆς χώρας τὸν Ἀλκιβιάδην ἐκβαλεῖν.

11. ὁ στρατηγὸς παρήγγειλε τοῖς στρατιώταις μὴ διασπείρεσθαι διὰ τὸ τὰ ἐπιτήδεια ζητεῖν.

12. οὐ νομίζω τὸν Κλέωνα ἄξιον εἶναι αἱρεθῆναι στρατηγόν.

Exercise 168 [*A*].

ἐν δὲ τούτῳ ὁ μὲν βασιλεὺς ἐν τῷ μέσῳ, ὡς εἴρηται, καταστάς, καὶ οὐδένα ἐπιόντα αἰσθόμενος, τέλος δὴ προὐχώρησεν ὡς κατὰ κέρας τοῖς Ἕλλησιν ἐμπεσούμενος. ὁ δὲ Κῦρος ἰδὼν τοῦτο δρόμῳ προσέβαλεν ἄγων τοὺς ἑξακοσίους καὶ παρέρρηξε τοὺς πρὸ τοῦ

Ex. 168—*continued.*

βασιλέως τεταγμένους. ἐνταῦθα δὴ οἱ μὲν ἱππῆς
σπουδῇ πάνυ διώκοντες πανταχόσε διεσκεδάσθησαν·
Κῦρος δὲ ὀλίγους τινὰς ἔχων κατελείφθη. καὶ μὴν
οὐδ᾿ οὕτως ἔχων δεινόν τι ἔπαθεν ἂν εἰ μὴ ἐξαίφνης
τὸν ἀδελφὸν κατεῖδεν. ἰδὼν δὲ ἐκεῖνον ἐν τῷ ὄχλῳ
μεγάλῃ τῇ φωνῇ ἐβόησεν, Τὸν ἄνδρα ὁρῶ, καὶ
προπετῶς ἐπήλασεν. εὐθὺς οὖν εἰς χεῖρας ἦλθον οἱ
ἀδελφοί· ἀλλ᾿ οἱ περὶ Κῦρον ἐλάσσους ἦσαν ἢ ὥστε
περιγενέσθαι, ὥστε δι᾿ ὀλίγου [ἀπὸ τῶν ἵππων] κατε-
κυλίσθησαν καὶ ὁ Κῦρος ἔνατος αὐτὸς ἀπέθανεν.

Exercise 169 [*B*].

ἅμα δὲ τῷ ἦρι αὕτη ἡ στρατία τοσαύτη οὖσα ᾖρεν ἐκ
τῶν Σούσων, αὐτοῦ Ξέρξου ἡγεμονεύοντος. πρῶτον
μὲν βραδέως προὐχώρουν· ἐπεὶ δὲ βασιλεὺς ᾔσθετο
τῶν Σκυθῶν ἄει ἑαυτὸν ὑπεξερχομένων ἐβουλεύσατο
ὡς τάχιστα προπέμπειν τοὺς ἱππέας, κελεύσας μὴ εἰς
χεῖρας ἐλθεῖν τοῖς πολεμίοις ἀλλὰ πάντι τρόπῳ ἀνα-
χωροῦντας αὐτοὺς κωλύειν· οἱ δὲ μέντοι τῇ τρίτῃ ἡμέρᾳ
ἐνέδρᾳ τινὶ καταληφθέντες διεφθάρησαν. ταύτῃ οὖν τῇ
νίκῃ θαρροῦντες οἱ μὲν βάρβαροι ἐδέχοντο τὸν Ξέρξην
ὅπου ποταμός τις αὐτῷ διαβατέος ἦν· εὐθὺς δὲ ἀφικό-
μενοι οἱ Πέρσαι μίαν μὲν νύκτα ἐνάντιον τῶν πολεμίων
ἐστρατοπεδεύσαντο, τῇ δὲ ὑστεραίᾳ ἀντετάχθησαν,
τῶν μὲν τοξοτῶν ἐν δεξιῷ κέρᾳ καταστάντων τῶν δὲ
πελταστῶν ἐν τῷ εὐωνύμῳ τῶν δὲ ὁπλιτῶν τὸ μέσον
ἐχόντων. καὶ οὕτω ταχθέντες τοὺς πολεμίους πολλάκις

Ex. 169.—*continued.*

μὲν ἐπιόντας ἀπεκρούσαντο φεύγοντας δὲ οὐκ ἐδύναντο διώκειν· ὥστε οὔτε δόξαν οὔτε λείαν ἐκ τῆς μάχης ἠνέγκαντο.

Exercise 170 [*A*].

εἰ ἃ νῦν ὑμεῖς πράσσετε, ὦ Ἀθηναῖοι, ταῦτα οἱ πρόγονοι ἡμῶν ἔπραξαν ἐπὶ τοὺς Μήδους πολεμοῦντες, ἡ μὲν Ἑλλὰς οὐδέποτ' ἂν ἐλευθέρα ἐγένετο ἡμεῖς δ' ἂν ἦμεν σατράπου τινὸς ὑπήκοοι. λέγεται μὲν δὴ βασιλέως ποτὲ πέμψαντός τινας γῆν καὶ ὕδωρ **παρὰ** τῶν Ἀθηναίων αἰτήσοντας τοὺς κήρυκας εἰς φρέαρ ῥιφθῆναι· οἱ γὰρ Ἀθηναῖοι προείλοντό γε τότε τοῖς Μήδοις μάχεσθαι πρὶν πρὸς αὐτοὺς πράσσειν· ὑμεῖς δὲ οὐκ ἐθέλετε ὑπὲρ τῶν Ἀθηνῶν οὐδὲν ποιεῖν πρὶν ἂν Φίλιππος πρὸς αὐτὰς τὰς πύλας ἀφίκηται. μὴ δῆτα πείθεσθε τοῖς ἀμφ' Αἰσχίνην λέγουσιν ὅτι Φίλιππος **φίλος** ἐστί. ποῖος ἄρα φίλος ἐστὶν ἐκεῖνος ; ἆρ' οὐ πρότερον αὐτὸν ἠλέγξατε ὑμᾶς ἐξαπατῶντα ἄλλως τε καὶ περὶ τῆς Ἀμφιπόλεως ; ἐὰν δὲ νῦν συμβῆτε ἐφ' ᾧ αὐτὸν Ὄλυνθον ὑμῖν παραδοῦναι, πάντες οἱ Ἕλληνες ὑμῶν καταγελάσονται, μᾶλλον δὲ ὑμῖν αὐτοῖς δι' ὀλίγου φανεῖσθε **καταγέλαστοι** ὄντες.

Exercise 171 [*B*].

εἰκὸς μὲν εἴη ἂν, ὦ ἄνδρες Ἀθηναῖοι, εἰ πᾶσαν τὴν τῆς πόλεως δύναμιν ἐπὶ τὸν Φίλιππον ἀποστείλαιτε· ἐὰν δὲ μὴ δόξῃ τοῦτο ποιεῖν,—ἡγεῖσθε γὰρ, ὡς γ' οἶμαι,

Ex. 171—continued.

ἐπαχθέστερον ἀποδημεῖν αὐτοί—ἱκανόν γε προστίθετε
Ἀθηναίων στράτευμα τοῖς ξένοις, ὁπόσους ἂν δόξῃ
πρὸς τὸν πόλεμον ἀποχρῆν. ἔπειτα δὲ βουλεύσασθε
ὡς πάσης τῆς στρατίας πρὸς τῇ Μακεδονικῇ παραλίᾳ
θέρος τε καὶ χειμῶνα ἐφορμησούσης, ἵνα ἕτοιμος ᾖ
βοηθεῖν ὅποι ἂν ὁ Φίλιππος ὁρμήσῃ. ἀλλ᾽ οὖν ταῦτ᾽
ἐᾶτε, ὦ ἄνδρες Ἀθηναῖοι, πρὸς τὸ παρόν, καὶ ἀκροᾶσθέ
μου λέγοντος δυσχερῆ μὲν ἴσως ἐπιτήδεια δὲ τοῖς οὕτω
καθεστῶσιν. αὐτοὶ γὰρ πολλάκις φαίνεσθε ἐπὶ τοῖς
ὑπὸ τῶν ὑμετέρων προγόνων καλῶς πραχθεῖσι σεμνυνό-
μενοι· ἐπειδὰν γάρ τις εἴπῃ καὶ διὰ βραχέων περὶ
τούτων, οὕτως ἀναθορυβεῖτε ὥστε τοὺς ἐν τῷ Πειραιεῖ
ναύτας τὸν ψόφον ἀκούειν. ἀλλ᾽ ἐνθυμεῖσθε καὶ ἀλλή-
λους ἐρωτᾶτε διὰ τί ἐκεῖνοι ἐπιφανεῖς ἐγένοντο κατὰ
πᾶσαν τὴν γῆν. ἐγένοντο οὖν διὰ τὸ ταῦτα πράσσειν
ὧν ὑμεῖς πράσσετε οὐδέν. ἐκεῖνοι μὲν γὰρ αὐτοὺς τοὺς
οἴκους ὑπὲρ τῆς Ἑλλάδος παρεβάλοντο, ὑμεῖς δὲ οὐ
παραβάλλεσθε τὸ θεωρεῖν· εἰς τὰ ἔσχατα τῆς γῆς
ἐκεῖνοι ἐστρατεύοντο, ὑμεῖς δὲ ῥαθυμοῦντες οἴκοι καὶ
τοὺς βαρβάρους μισθωσάμενοι τούτους ἀποστέλλετε
πρὸς τὰ ὑμέτερα πράγματα. εἰς τοσοῦτο γὰρ τῆς
αἰσχύνης ἡ τοῦ Θεμιστοκλέους πόλις πέπτωκεν.

Exercise 172 [A].

ἤδη οὖν σχεδὸν φανερὸν ἐγένετο ὅτι οὐ προσβολαῖς
ἡ πόλις ἁλώσεται. δι᾽ ὃ ἔδοξεν αὐτὴν προσάγεσθαι
λιμῷ. δι᾽ ὅλου μέντοι τοῦ ἐπιγιγνομένου χειμῶνος ὁ
ἔξω τῶν τειχῶν ἀναρίθμητος στρατὸς οὐχ ἧσσον
ἔπασχεν ἢ οἱ ἐντός, ἀνθρώπων ἀποθνῃσκόντων πολλῶν

Ex. 172—*continued.*

διά τε τὸ δεινὸν ψῦχος καὶ διὰ τὴν τυῦ σίτου ἔνδειαν
νοσησάντων· καὶ γὰρ οἱ οὕτως ἀποθανόντες, ὡς τοῖς
πολιορκοῦσι πολλάκις συμβαίνει, πολλῷ πλείονες ἦσαν
ἢ οἱ ὑπὸ τῶν πολεμίων διαφθαρέντες. οἱ δὲ τῆς πόλεως
ἐντὸς καθ' ἡμέραν δεινότερα ἔπασχον, ὡς τοῦ σίτου
μόνον ἱκανοῦ ὑπάρχοντος ὥστε τὴν ἀναγκαίαν τροφὴν
παρέχειν· καὶ ἅμα τῷ ἦρι ἐκινδύνευον μὲν πάντων τῶν
ἐπιτηδείων ἀποστερηθῆναι, ἐφοβοῦντο δὲ μὴ ὁ στρατη-
γὸς οὐ δύναιτο τὸ ναυτικὸν συσκευάζειν πρὶν τὴν πόλιν
αἱρεθῆναι.

Exercise 173 [B].

ὀλίγισται ἤδη τοῖς Ἀθηναίοις αἱ λοιπαὶ τῶν νεῶν
ἦσαν· ταύτας μέντοι ἀνείλκυσαν καὶ μικρὸν τεῖχος
οἰκοδομήσαντες ἐν νῷ εἶχον ὡς ἀνδρειότατα ἀμύνεσθαι.
καὶ δὴ καίπερ ὀλίγοις οὖσι καὶ φαύλως ὡπλισμένοις
καὶ τοῦ σίτου δεομένοις οἱ πολέμιοι ἀπώκνουν μὲν
ἐπιθέσθαι ὡς εὖ εἰδότες ὅσην καὶ ἀνέλπιστοι σωθή-
σεσθαι οἱ Ἀθηναῖοι παρέχονται ἀρετήν. πέμψαντες
δὲ κήρυκα ὑπισχνοῦντο ὁμολογήσεσθαι ἐφ' ᾧ τοὺς Ἀθη-
ναίους εὐθὺς ἐκ τῆς νήσου ἀναχωρῆσαι. οἱ δὲ ἀπεκρί-
ναντο οὐ δύνασθαι ἀναχωρεῖν μὴ ὑπὸ τῶν οἴκοθεν
κελευσθέντες.

Exercise 174 [A].

ὁ δὲ τοῦ Νικίου στρατὸς πρὸς Συρακούσαις ἐστρατο-
πεδεύετο ἑκατὸν καὶ εἴκοσιν ἡμέρας· ἔνθεν γὰρ εἰ καὶ
ἄλλοθεν ὁ Ἑρμοκράτης ὠφέλητο. πρῶτον μὲν ἐν τοῖς
ὑπὲρ τῆς πόλεως ἄκροις ηὐλίσαντο ὡς μιᾷ ὁρμῇ αὐτὴν

Ex. 174—*continued.*

αἱρήσοντες· ἔπειτα δὲ τρὶς πειρασάμενοι εἰσελθεῖν ἢ
καὶ διὰ πολλοῦ τὸ τεῖχος ἀσθενὲς ὂν ᾐσθάνοντο καὶ
ἑκάστοτε ὑπὸ τῶν ἐνοικούντων θαρραλέως ἀμυνομένων
διακωλυθέντες, ἐβουλεύσαντο, ὡς δὴ ἔδει, στρατόπεδον
πρὸς τῷ λιμένι ποιῆσαι ἐν πεδινῷ τε καὶ λιμνώδει
χωρίῳ καὶ προσμένειν ἕως οἱ πολῖται λιμῷ ἀναγ-
κασθεῖεν περὶ ἀπαλλαγῆς πράσσειν. ὡς δὲ τοῦτο
σπεύσοντες ἤρξαντο μὲν τείχει ἁπλῷ τὴν πόλιν ἀπο-
τειχίζειν· πρὸς δὲ τοῦ ποταμοῦ οὐκ ἐδύναντο ἐπιεικῶς
φυλάσσειν· δι' ὃ ὁλκάδες εἰς τὸν λιμένα θαρραλέως
εἰσπλεύσασαι τοῖς φρουροῦσι σῖτον εἰσῆγον.

Exercise 175 [B].

αὕτη ἡ ἐν Αἰγύπτῳ γενομένη συμφορά, πλέον ἢ μυρίων
τῶν Ἀθηναίων διαφθαρέντων, ἔσχατον τὸ πένθος ἐνέ-
βαλε τῇ πόλει· οὐ γὰρ ἦν μόλις εἰς οἶκος ὅθεν οὐκ
ἀπώλετο ἢ υἱὸς ἢ ἀδελφός. οὐδὲ δεινὸν ἂν ἦν εἰ οἱ
πολῖται πρὸς τὰ ἐν Αἰγύπτῳ πράγματα ἠθύμησαν·
ἀλλ' αὐτῇ τῇ ὑστεραίᾳ ἡμέρᾳ ἐπεὶ ἠγγέλθη, τῇ ἐκ-
κλησίᾳ ἐψηφίσθη ἄλλην στρατείαν παρασκευάζεσθαι.
αὕτη μέντοι ἡ στρατεία οὐδέποτ' εἰς τὴν Αἴγυπτον
ἐξέβη. ὁ γὰρ Κίμων, στρατηγὸς αὐτῆς καταστάς,
πολὺν χρόνον περὶ τὴν Κύπρον ἔμεινεν ἵνα ταῖς ἐκεῖ
Ἑλληνικαῖς πόλεσι τὸ Φοινικικὸν ναυτικὸν ἀμύνοι.
ἀλλ' ἐν τῇ ἡμέρᾳ ᾗ ἡ ναυμαχία ἐγένετο νοσῶν μὲν
αὐτὸς οὐκ ἐνέβη, τοὺς δὲ στρατιώτας παρεθάρσυνε
πρὶν ἐμβῆναι. ἀπέθανε γοῦν οὐκ ἀναξίως τοῦ υἱοῦ τοῦ
Μιλτιάδου αὐτῷ τῷ καιρῷ ᾧ τοὺς πολεμίους νικήσασαι
αἱ νῆες κατήγοντο.